JN008968

はじめに

この本では、バレエの5つの回転技――ピルエット、ピケ・トゥール、シェネ、グラン・フェッテ、イタリアン・フェッテ――を正しく、きれいに回るためのポイントを紹介しています。

さらに、ポイントを正しく守って踊るためのエクササイズなども紹介しています。ぜひトライして、大切なポイントを体にしみこませましょう。

回転がきれいに決まるようになると、踊り全体のクオリティがぐっと上がり、バレエを踊るのがもっと楽しくなります。さあ、あこがれのパをマスターするため、レッスンを始めましょう！

＊レッスンで解説している動きは一例です。パの名前、腕や脚の使い方、体や顔の方向などはメソッドなどによってことなる場合があります。

＊エクササイズは、ケガをしないように無理のない範囲で行いましょう。

あこがれのパを極める！

バレエの回転マスターBook

Clara 編

CONTENTS

ピルエット

ピルエットはフランス語で「回転」の意味。
両脚で踏みきり、片脚のドゥミ・ポアントで立って回転するパです。
基本の回転ですが、とちゅうでバランスをくずしてしまったり、
着地でドスンと落ちてしまったりと、
成功するのはなかなかむずかしいもの。
きれいにくるっと回るためのポイントをご紹介します！

ピルエットの回り方をCHECK!

ここでは第5ポジションからの
ピルエット・アン・ドゥオールで
説明しています。

POINT 2 まとめるタイミングをのがさない

しっかり
目印を決める

肩を下げ、
腰を上げて
上体をコンパクトに

1

背骨を引き上げ呼吸をしながら、右脚を横に出す。

2

右腕はアン・ナヴァンにして右脚を前に入れて第5ポジションでドゥミ・プリエ。

下までプリエしたら
すぐに立つ

3

右腕をア・ラ・スゴンドに開く。

POINT 1 どう回りたいかイメージする

POINT 3 床をおしてまっすぐ立つ

両手と動脚を
瞬時に正しいポジションへ

軸脚を床につきさして
おなかの奥をぐっと引き上げる

ルティレの膝は
正しい角度に

つま先まで
しっかり
のばす

親ゆびと
人差しゆびの
あいだに
体重を乗せる

4

両腕をアン・ナヴァンに集めると同時に左脚はドゥミ・ポアント、右脚はルティレにして立ち、首を残して右回りに回転する。

POINT 4 ルティレのポーズをキープする

左肩があごの下に来たら
顔をすばやくもどす

内ももを
外に回して
アン・
ドゥオール

5

顔をぎりぎりまで正面に残し、すばやく正面にもどす。

POINT 5 上体のスクエアをキープし、軸わきを包みこむように使う

POINT 6 しっかり残して、すばやくもどす

6

体が正面を向くまで回る。

着地と腕を
同時に決める

7

右脚を前に下ろし、第5ポジションでドゥミ・プリエ。

POINT 7 回りきってからよゆうをもって下りる

ここで紹介している回り方は一例です。メソッドによって回り方が異なる場合があります

POINT 1

どう回りたいかイメージする

回り始める前に、**自分がどんなふうに回りたいのか、毎回かならずイメージしましょう**。何も考えずにぼ~っと回るのと、「ダブルのときはクルクルッ!と2回転目にアクセントをつける」など心の準備をして回るのとでは、動きがまったくちがってきます。プリエから立ち上がるタイミングや、シングル、ダブル、トリプルを回るときのそれぞれのスピードやリズム、着地のポジションなど、自分なりのイメージをしっかりもちましょう。

そのために大切なのは、**先生やじょうずな人のお手本をよく見ることです**。しっかりした軸《じく》、高いルティレ、首の切れ味の良さなど、良いところをたくさん吸収して、頭のなかで正しい回転のイメージを描《えが》けるようにしましょう。

POINT 2

まとめるタイミングをのがさない

プリエからドゥミ・ポアントに立つタイミングは、ピルエット成功のカギをにぎっています。長くプリエしすぎると、いきおいが足りないためいちどで体がもち上がらず、体がまとまりません。逆にプリエがみじかすぎると、体がバラバラになってバランスをくずしてしまいます。プリエで床をおすバネが充分に使えないと、高くのびのあるドゥミ・ポアントもできません。

ためた力をうまく使って全身を正しい姿勢にまとめあげるポイントのひとつは、**「下までいったらすぐに立つ」こと。そして立つときは軸脚を床につきさして、おなかの奥と背中をぐっと上に引き上げること。さらに両手と動脚を正しいポジションに瞬時にもっていくことです**。こうすることで、体をいっきにまとめることができます。つぎのエクササイズで、立ち上がるタイミングをつかみ、体をまとめる練習をしましょう。

下までいったらすぐに立つ！

プリエで床をおしたいきおいを使って、
バランスをくずさないように1/4回転にチャレンジ。
自分がいけるいちばん下までプリエしたら、
すぐにルティレで立ち上がり、おなかの奥と背中を引き上げて
手脚を瞬時にまとめます。プリエの力をうまく使って
背中を張ったまま左わきを包むように回転させると、
体が1/4のところまで回るはずです。

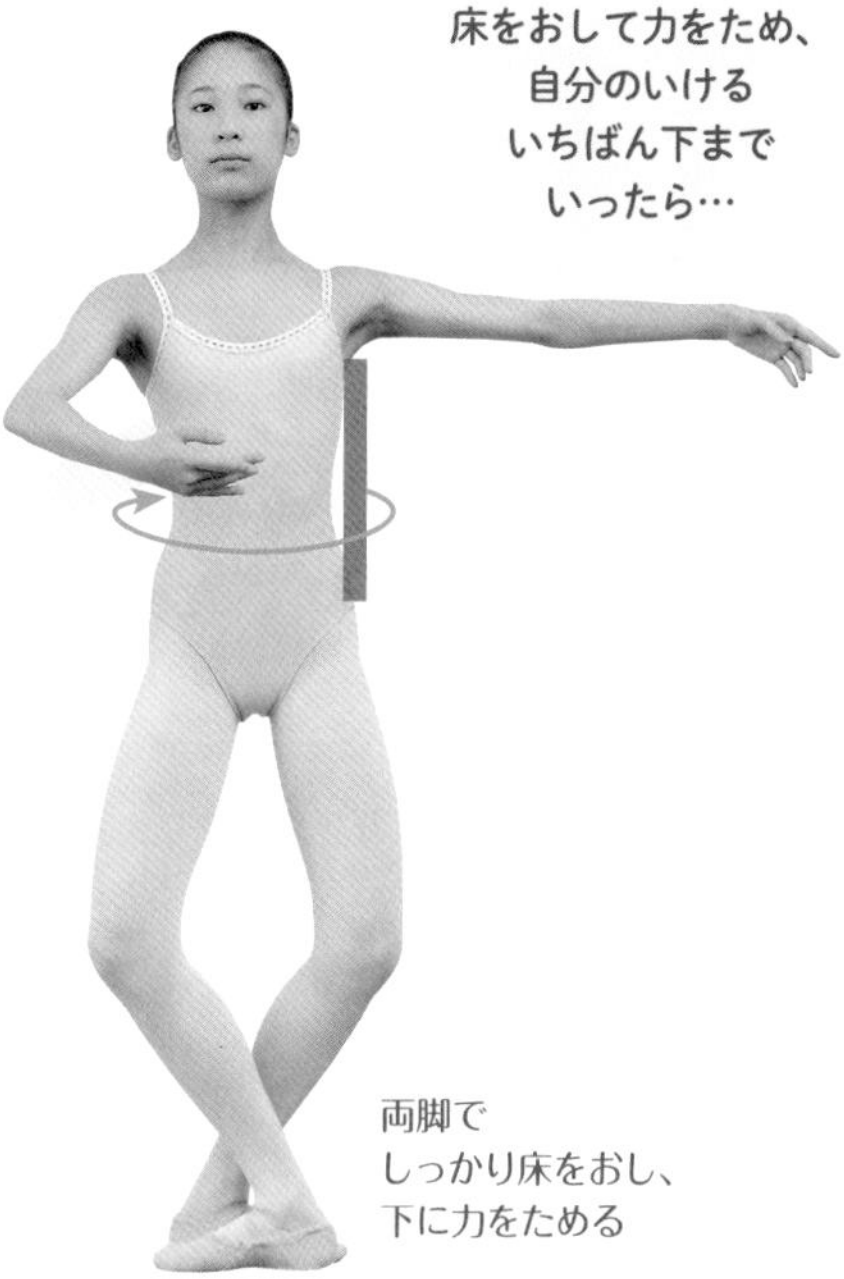

1 第5ポジションで立ち、ドゥミ・プリエ。

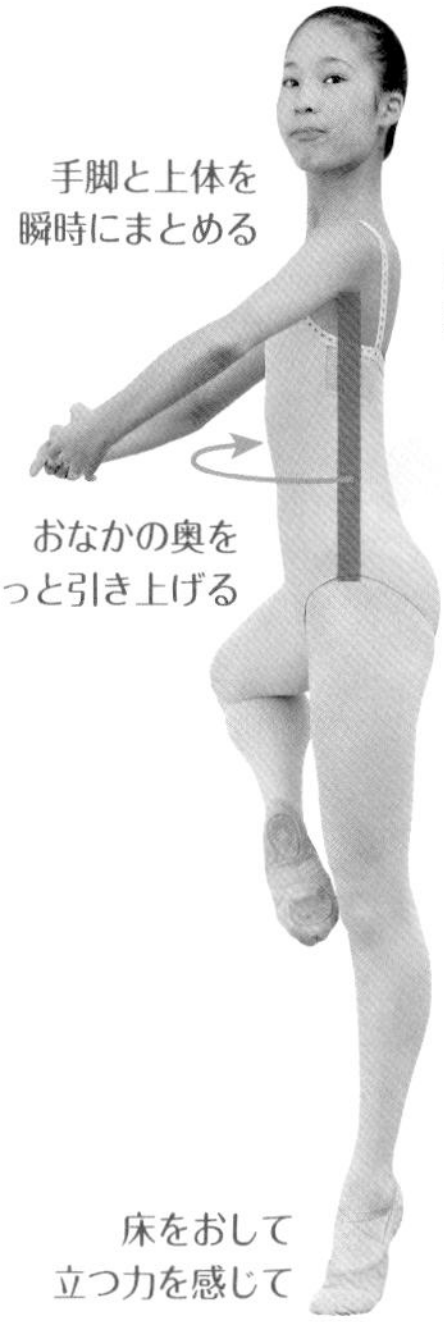

2 ドゥミ・ポアントに立つと同時に1/4回転する。

3

POINT

床をおしてまっすぐ立つ

ドゥミ・ポアントでまっすぐ立てないと、回転のとちゅうでバランスをくずしてしまいます。**床をおしてまっすぐ立つコツは、親ゆびと人差しゆびのあいだに体重を乗せること。**小ゆび側に乗ると、軸がくずれて体が後ろ側にたおれてしまうので注意しましょう。

軸をまっすぐ立てたまま、両脚から片脚にすばやく重心を移すことも重要です。コツは、肩を下げて腰を引き上げ、上体をコンパクトにまとめること。動きがブレにくくなります。

つぎのエクササイズで自分の正しい重心の位置を知り、最短距離でスムーズに移動できるようにしましょう。

親ゆびと人差しゆびのあいだに体重を乗せる

重心の位置を意識しながら、ドゥミ・ポアントで立つ
練習をしてみましょう。

親ゆびと
人差しゆびのあいだに
体重を乗せる

両足の親ゆびのつけ根、
小ゆびのつけ根、かかとの
3点で床をおす

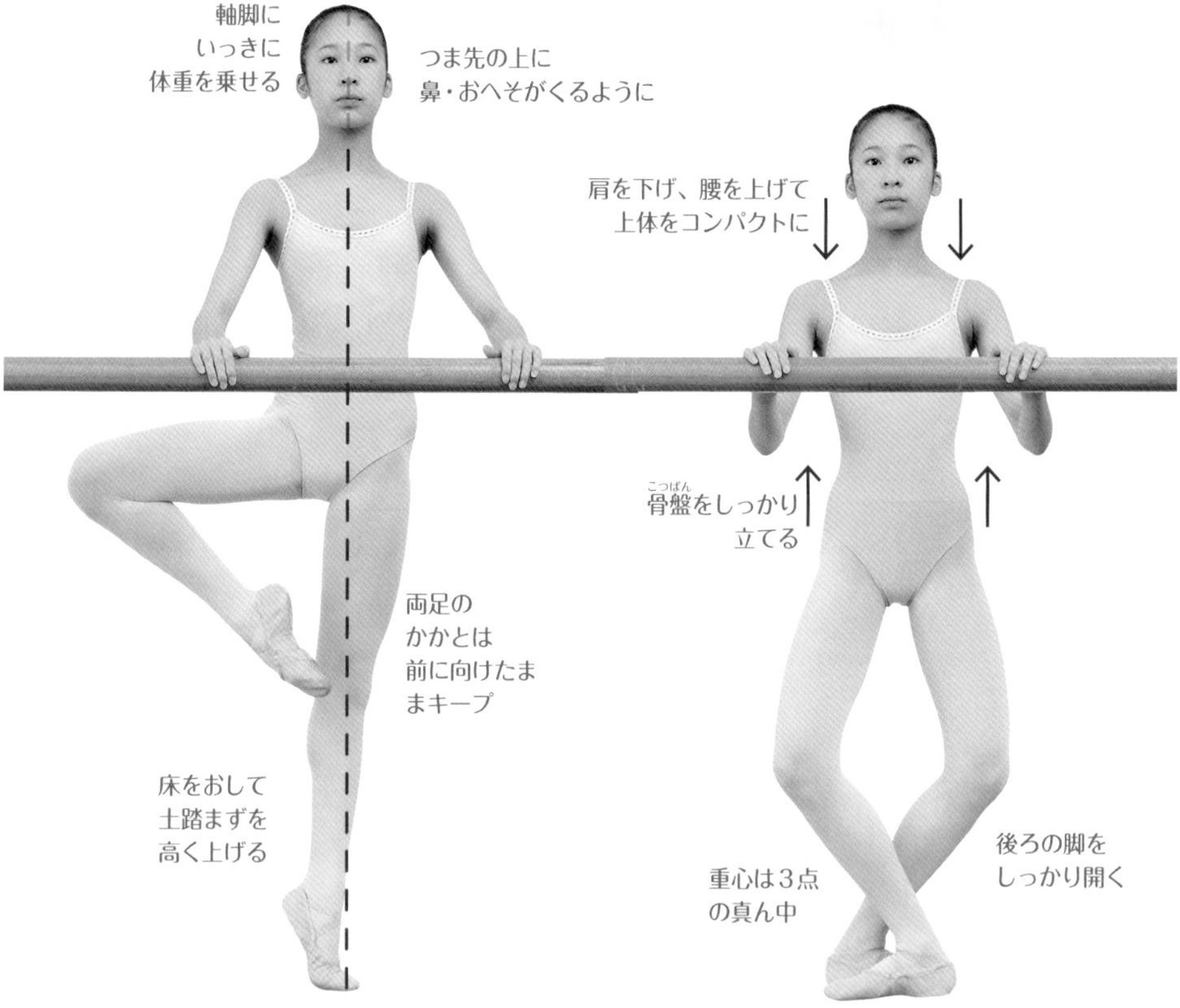

1 バーにつかまり、第5ポジションでドゥミ・プリエ。

2 前脚をルティレにして
ドゥミ・ポアントで立つ。

スムーズに重心を移す

どんなポジションからでもすばやく軸に乗って立てるように、
重心を移す練習をしましょう。

第2ポジションのプリエから立つ

**体が軸脚側にいちど
かたむいてからまっすぐに
もどす「より道」をしないよう
上体をコンパクトにまとめて
体重移動！**

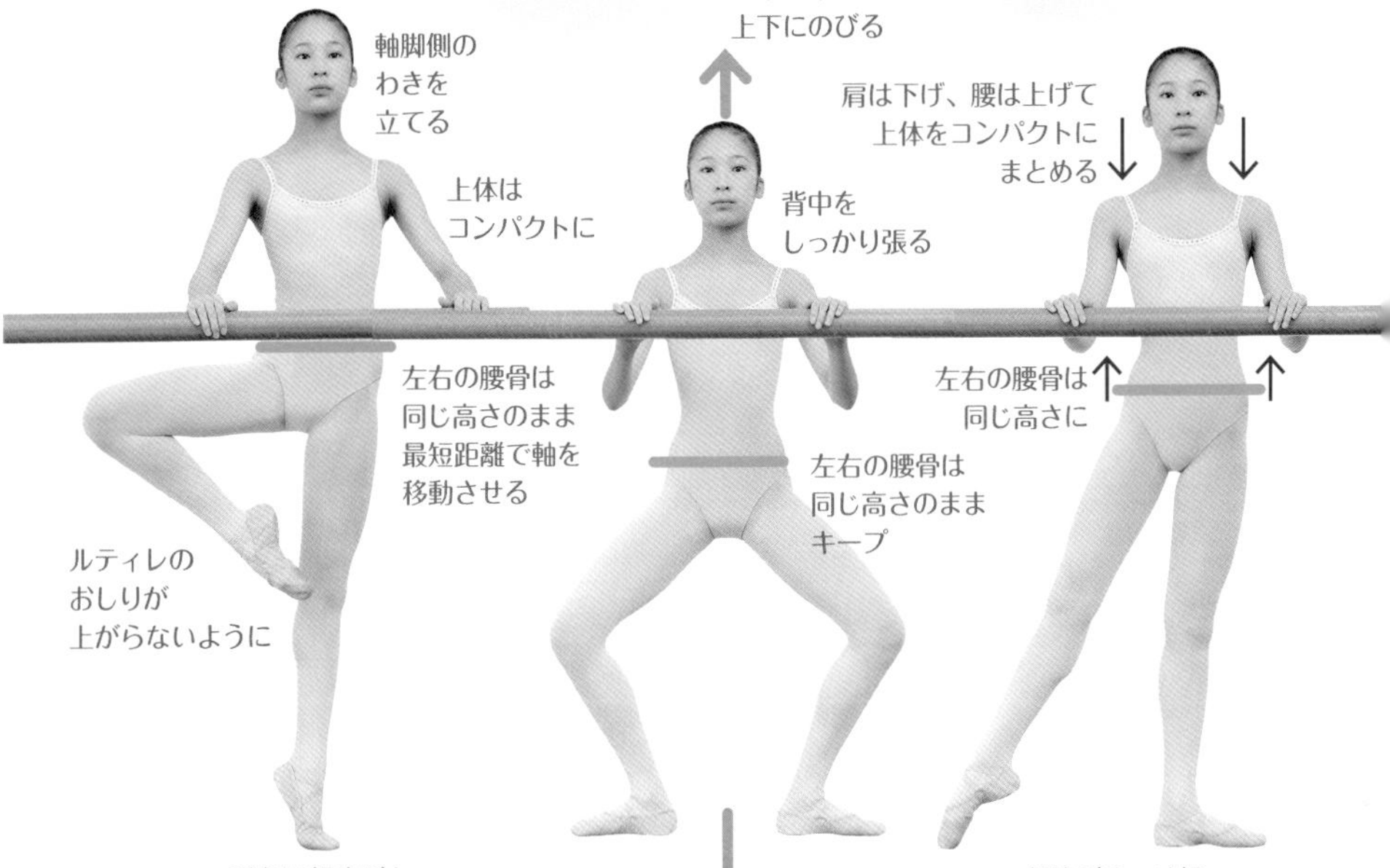

1

右足前第5ポジションで立ち、右脚を横に出す。

2

そのまま第2ポジションでドゥミ・プリエにする。

3

右脚をルティレにし、左脚のドゥミ・ポアントで立つ。反対の脚でも同じように行う。

スムーズに重心を移す

第4ポジションのプリエから重心移動

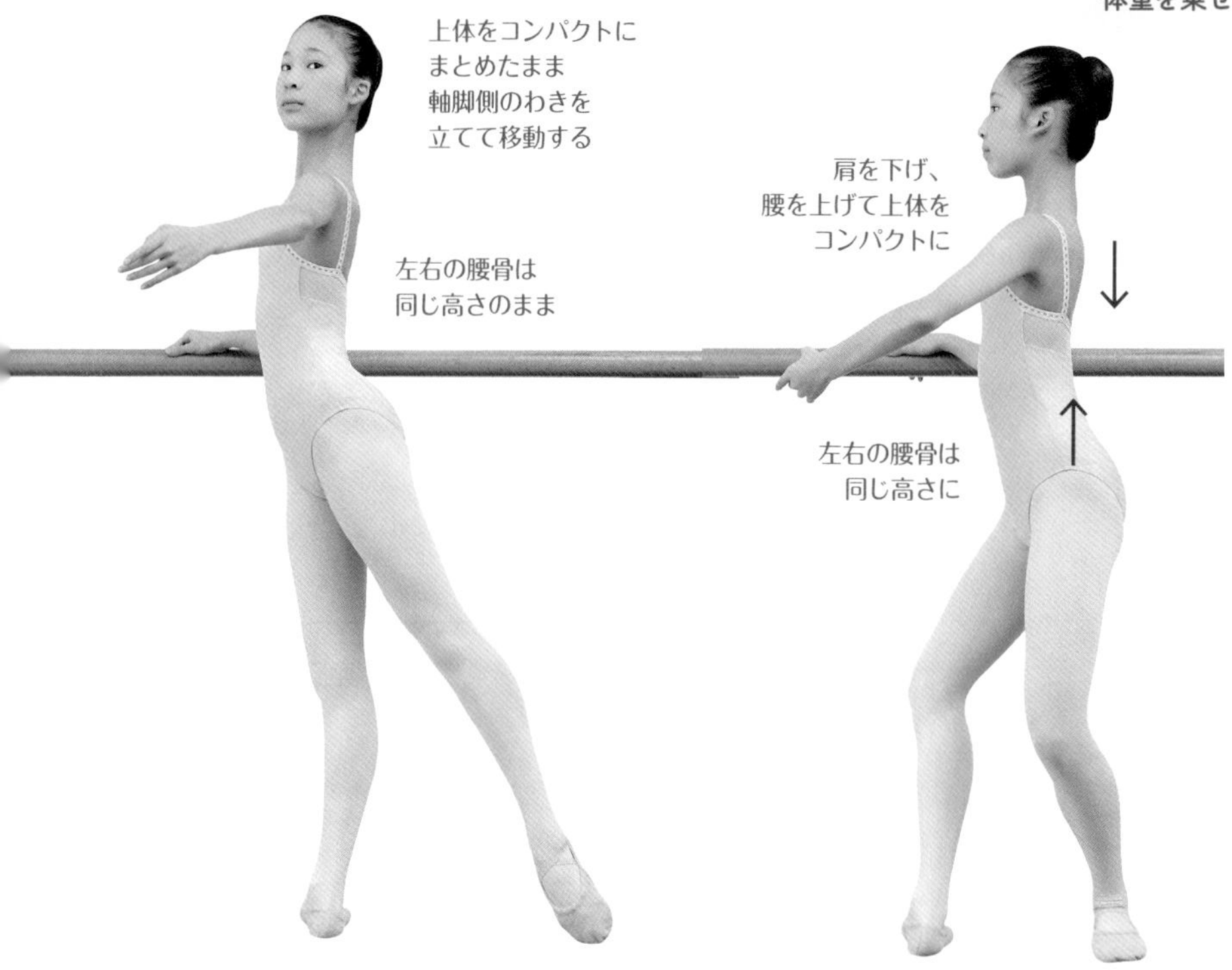

1

右足前の第４ポジションのドゥミ・プリエにする。

2

右脚に体重をかけ左脚をのばす。

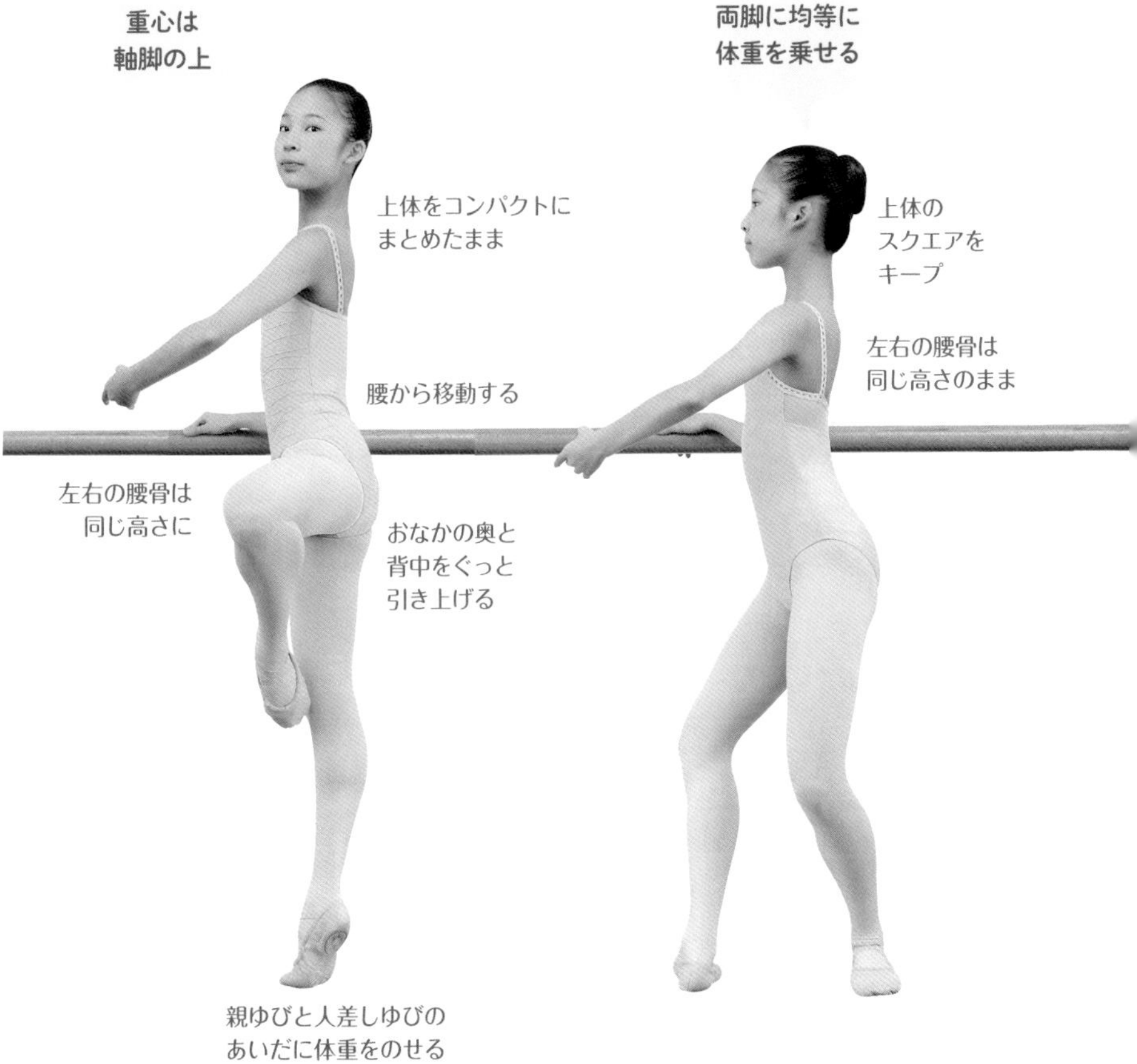

3

もういちど右足前の第4ポジションのドゥミ・プリエにする。

4

左足で床をおして前のルティレにすると同時に右脚をドゥミ・ポアントにして立つ。反対の脚でも同じように行う。

POINT 4

ルティレのポーズをキープする

ルティレの内ももやつま先がゆるんでいると、バランスもくずれてしまいます。プレパレーションのときから、脚のつけ根からしっかりアン・ドゥオールしておきましょう。**プリエからルティレに脚を上げるときのポイントは、足うらで床を強くおすこと。そうすると、強くおした反動でつま先をしっかりのばすことができます。ルティレのポーズにしたら、内ももをしっかり横に張ることもわすれずに。ただし、無理に膝だけ横に開くと、おなかと腰が前にぬけてしまいます。ルティレの膝は自分の開く角度に上げましょう。ルティレの脚の内ももからつま先までしっかりアン・ドゥオールできていると、回転にキレも生まれます。**

軸脚は、プリエではがんばってアン・ドゥオールしていても、ドゥミ・ポアントで立った瞬間に内脚になる人が多いので要注意。**しっかりアン・ドゥオールしつづけ、回っていく体と反対方向に引っぱりあうイメージをもちましょう。**

アン・ドゥオールが
あまく、おしりが
引けている

膝を無理に
横に開いてしまい、
腰が前にぬけて
しまっている

ルティレの
つま先や内ももが
ゆるみ、バランスを
くずしている

足うらで床をおす！

足うらで床をおし、つま先をのばす練習をしてみましょう。
床をおしてつま先を上げるときに、膝から先に上げないように注意して。足うらの力で膝がもち上がるとイメージしましょう。

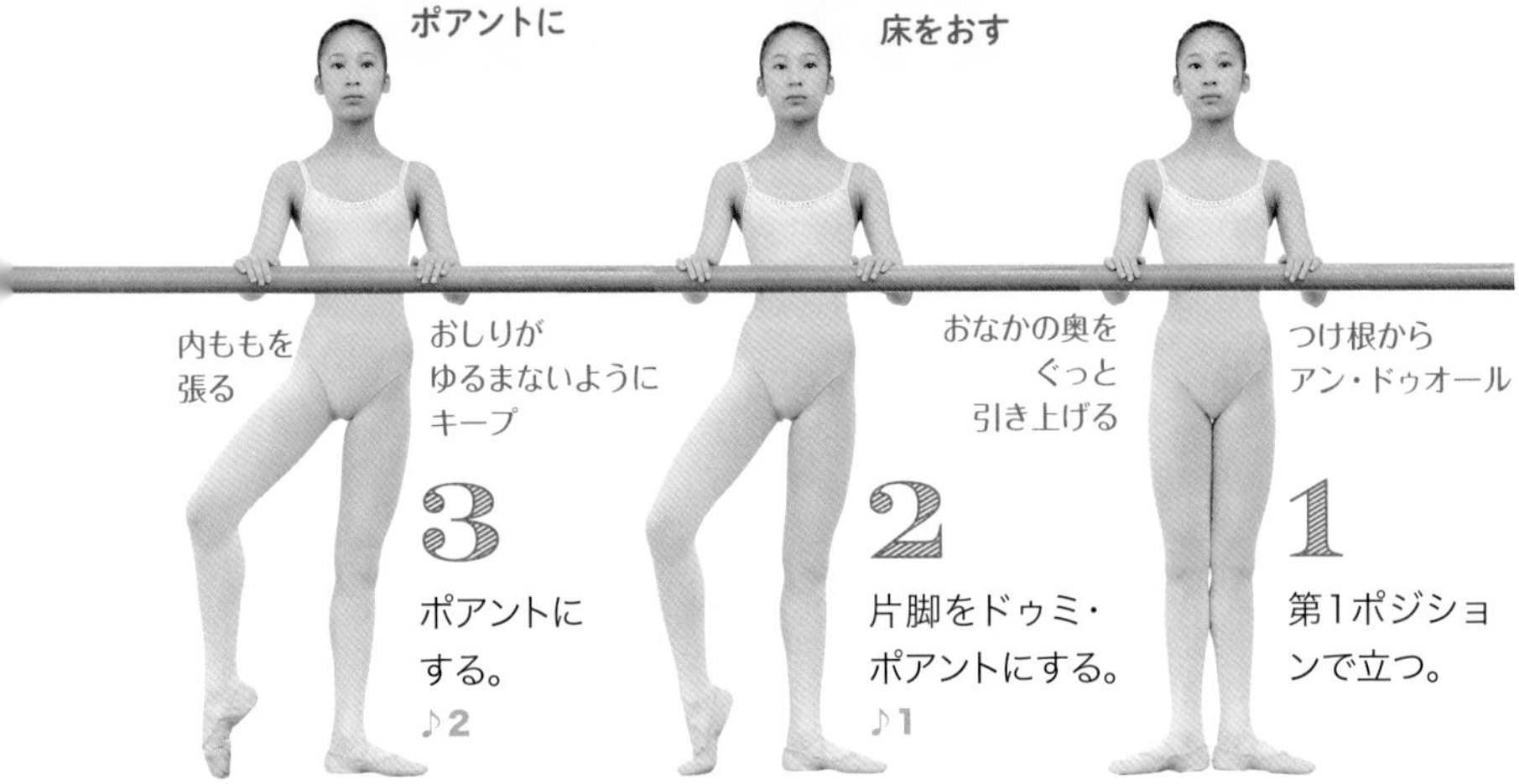

つけ根から
アン・ドゥオール

1

第1ポジションで立つ。

ゆびのつけ根を
しっかりおって
床をおす

おなかの奥を
ぐっと
引き上げる

2

片脚をドゥミ・ポアントにする。

♪1

足うらで
床をおして
ポアントに

内ももを
張る

おしりが
ゆるまないように
キープ

3

ポアントにする。

♪2

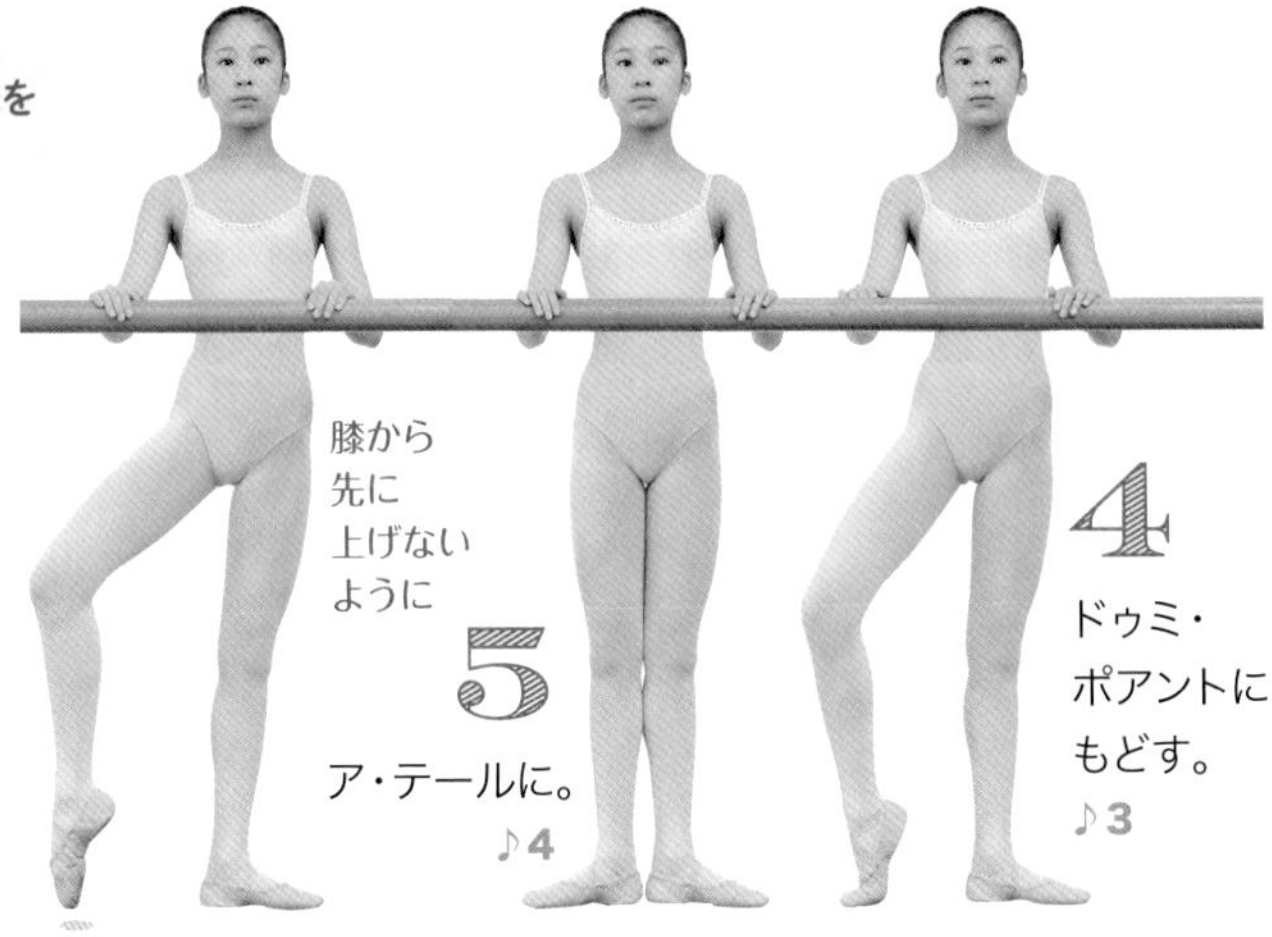

4

ドゥミ・ポアントにもどす。

♪3

膝から
先に
上げない
ように

5

ア・テールに。

♪4

床を強く
おしてつま先を
のばす！

6

いっきにポアントにして床から少し上げ（♪5）、ア・テールにもどす（♪6）。これをもういちどくり返す（♪7・8）。反対脚でも同じように行う。

つま先を床から
まっすぐ上にあげる

＊♪マークの後ろの数字はカウントです

自分の開く角度に膝を上げる

プリエをして、自分の股関節《こかんせつ》の開く角度を確認してから、
その角度に膝を上げる練習をしましょう。

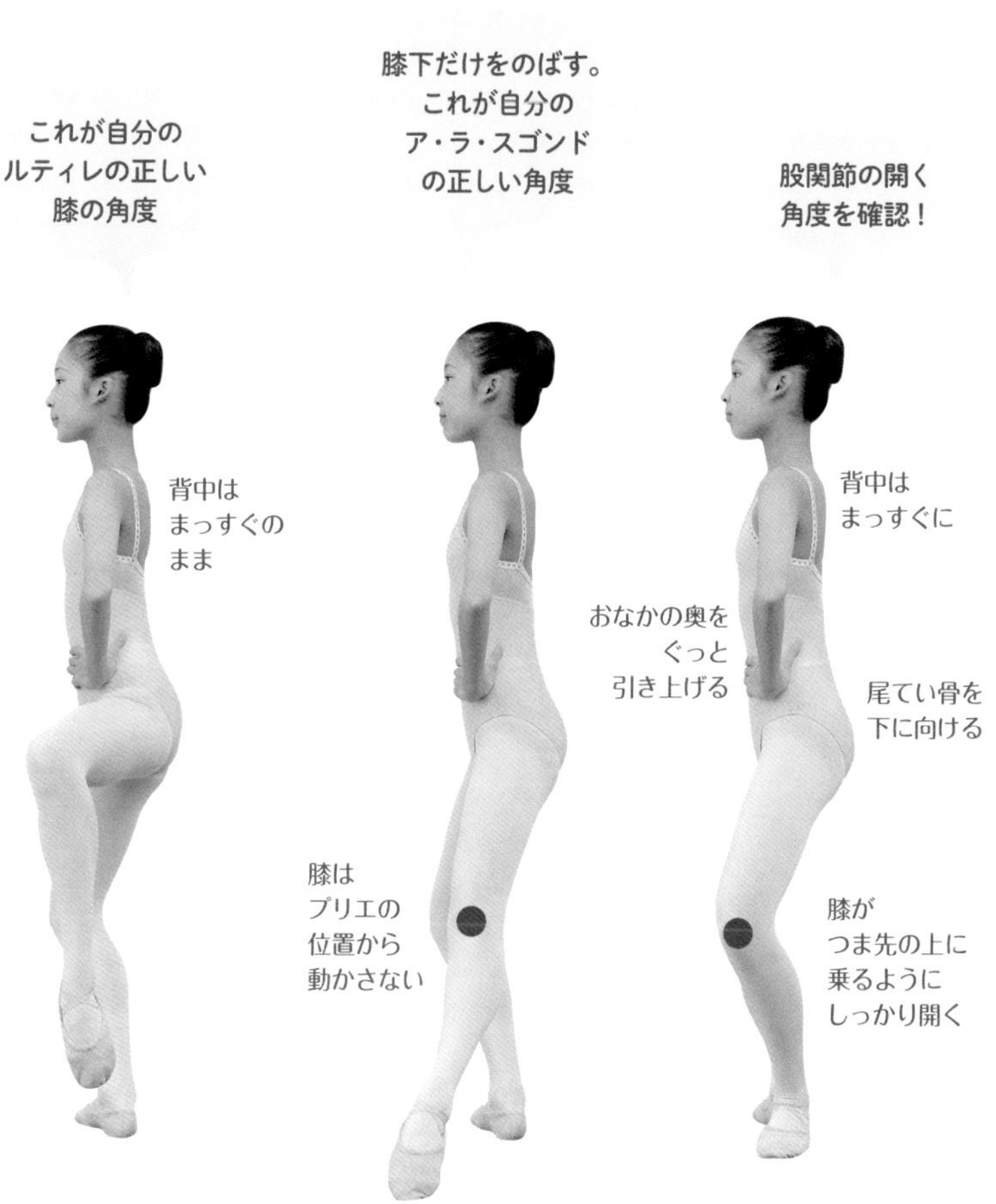

1 第1ポジションでドゥミ・プリエ。

2 左脚を横に出す。

3 膝を上げる。この角度をかえずに軸脚をのばし、左脚を前のルティレにする。反対の脚でも行う。

軸脚のアン・ドゥオールをキープ

バーにつかまり、軸脚のアン・ドゥオールに集中しながら、
プリエから1/4回転する練習をしましょう。

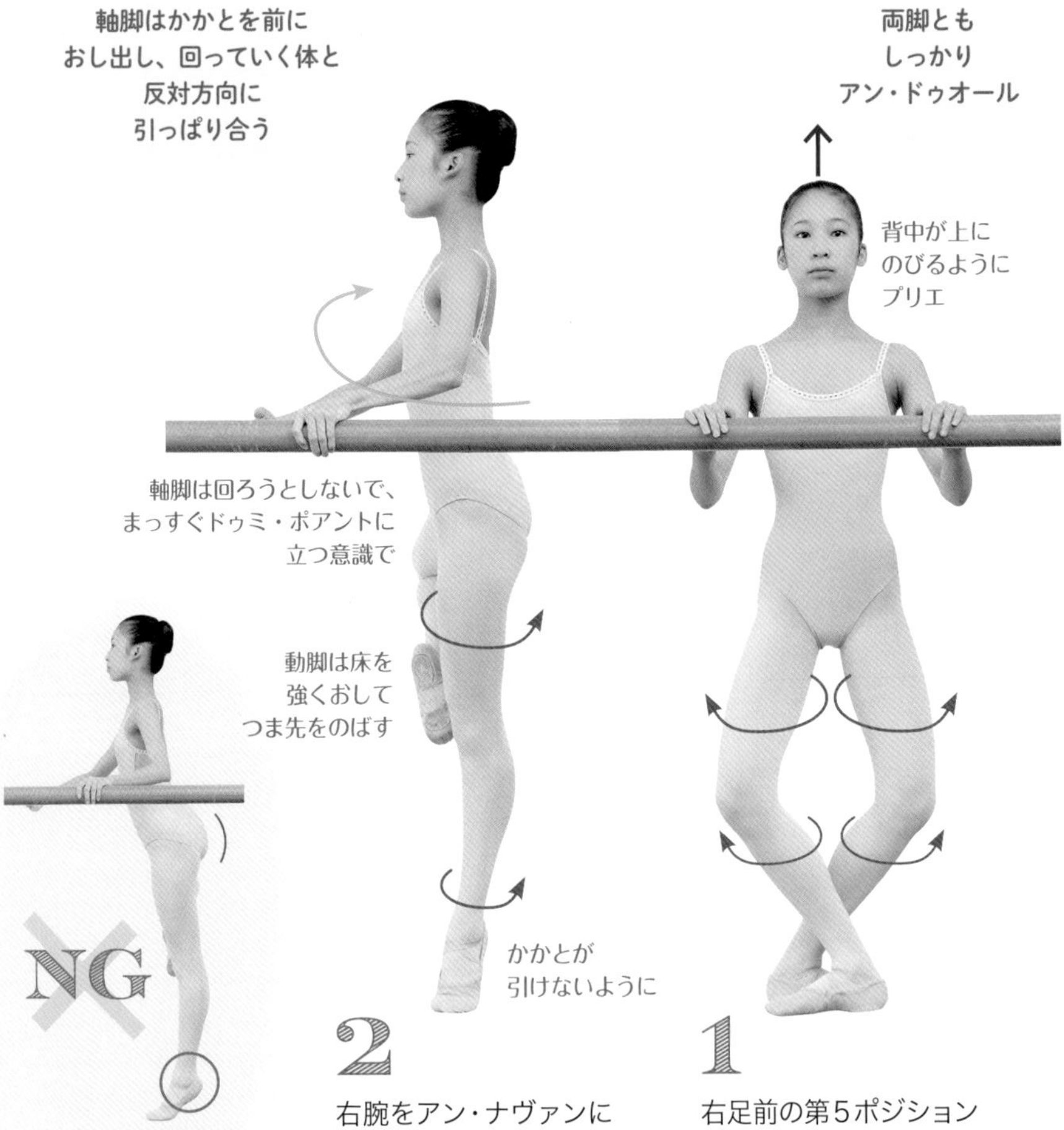

1

右足前の第5ポジションでドゥミ・プリエ。

2

右腕をアン・ナヴァンにすると同時に右脚をルティレにし、ドゥミ・ポアントで立つ。

軸脚が内脚になり、おしりがぬけてしまっている。

5
POINT

上体のスクエアをキープし、軸わきを包みこむように使う

軸がぶれないように回るには、上体をコンパクトにまとめることが大切です。**左右の肩と腰骨をそれぞれ平行にならべてきれいなスクエア（四角形）をつくり、この形をキープすることを心がけましょう。肩は下げ、腰は上げてスクエアをなるべくコンパクトにまとめることも重要です。**

回転するときは、つい回る方向の肩やひじ（右回転なら右肩や右ひじ）から先に回ってしまいがち。すると上体のスクエアがゆがんで、バランスをくずしてしまいます。**回るときは、回転する方向の肩やひじではなく、軸脚側のわきで包みこんでくるようなイメージで回りましょう。**上体のスクエアがくずれにくくなり、軸に乗ったまま回れます。

軸わきを包むように使う

軸側のわきを意識しながら、1/4回転してみましょう。
両肩と腰骨でまっすぐのスクエアをつくってプリエしたら、
右腰を回すと同時に、左わきを右方向に
包みこむようにもっていきます。意識できるようになったら、
1/2、3/4と、少しずつ距離をのばしていきましょう。

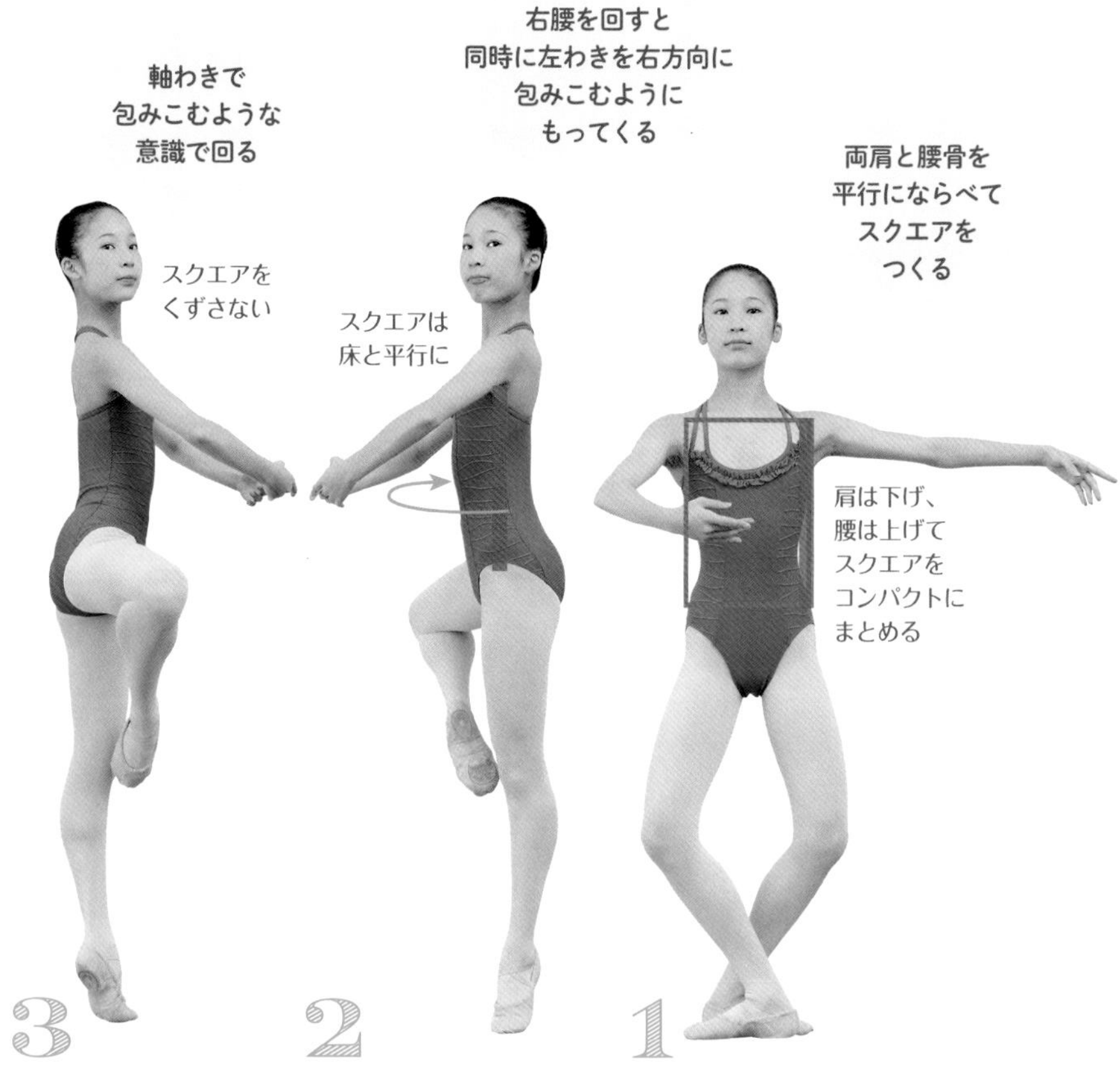

1 右足前の第5ポジションで立ち、ドゥミ・プリエ。

2 ドゥミ・ポアントにすると同時に1/4回転する。

3 慣れてきたら1/2、3/4と距離をのばす。

POINT 6

顔をしっかり残してすばやくもどす

顔はぎりぎりまで残すことも大切ですが、残しすぎて顔をねじってしまうとリズムがみだれて回転のジャマになります。とくに回転数をふやすときは、体の回転にブレーキをかける原因に。**右回りの場合、左肩があごの下くらいまで来たら、顔をすばやくもどしましょう。最初に目をしっかり開いて目印を決めることも大切です。そしていちど目印を決めたら、回転のとちゅうで別のところを見て止まったり、首をかたむけたりしないように、両耳はつねに床と平行にたもち、決めた目印にすばやくまっすぐもどしましょう。**

すばやくもどす

両脚で立った状態で、顔をすばやくもどす練習をしましょう。
最初にしっかり目を開いて目印を決め、
そこに向かってリズムをつけて顔をもどします。

NG

首の後ろがちぢみ、顔がかたむいてしまっている。両耳を床と平行にたもつ

左に残した首を左へもどす

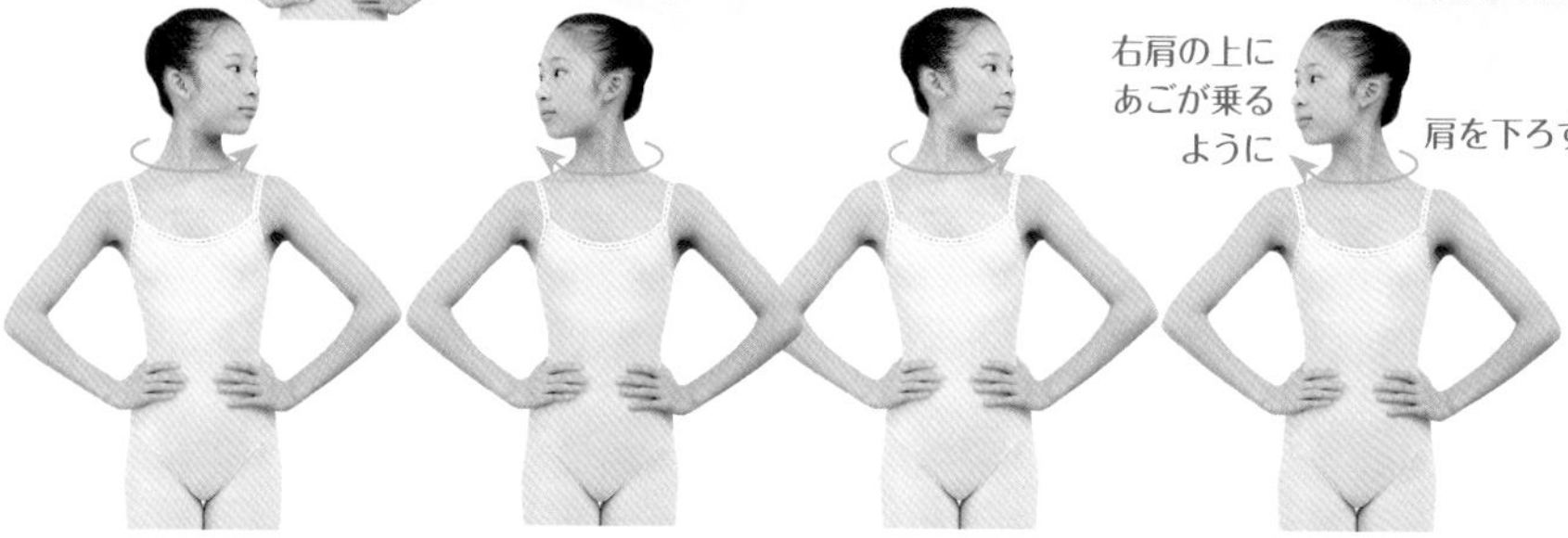

首の後ろをちぢめないように長くのばす

右肩の上にあごが乗るように

肩を下ろす

1 腰に手を当てて立ち、右を向く。♪1

左肩の上にあごが乗るように

2 正面を通って左を向く。♪2

首はまっすぐのまま動かす

3 右を向く。♪1

4 左を向く。♪2

首すじはまっすぐのばしつづけて

5 右を向き…… ♪&

左にすばやく顔をもどす！

6 左にもどす。♪1

7 右を向き…… ♪&

リズムをつけて！

8 左にもどす。♪2 左右をかえて同じように行う。

1回転してもどす

両脚の膝を曲げて、その場ですばやく回りながら首をつける。

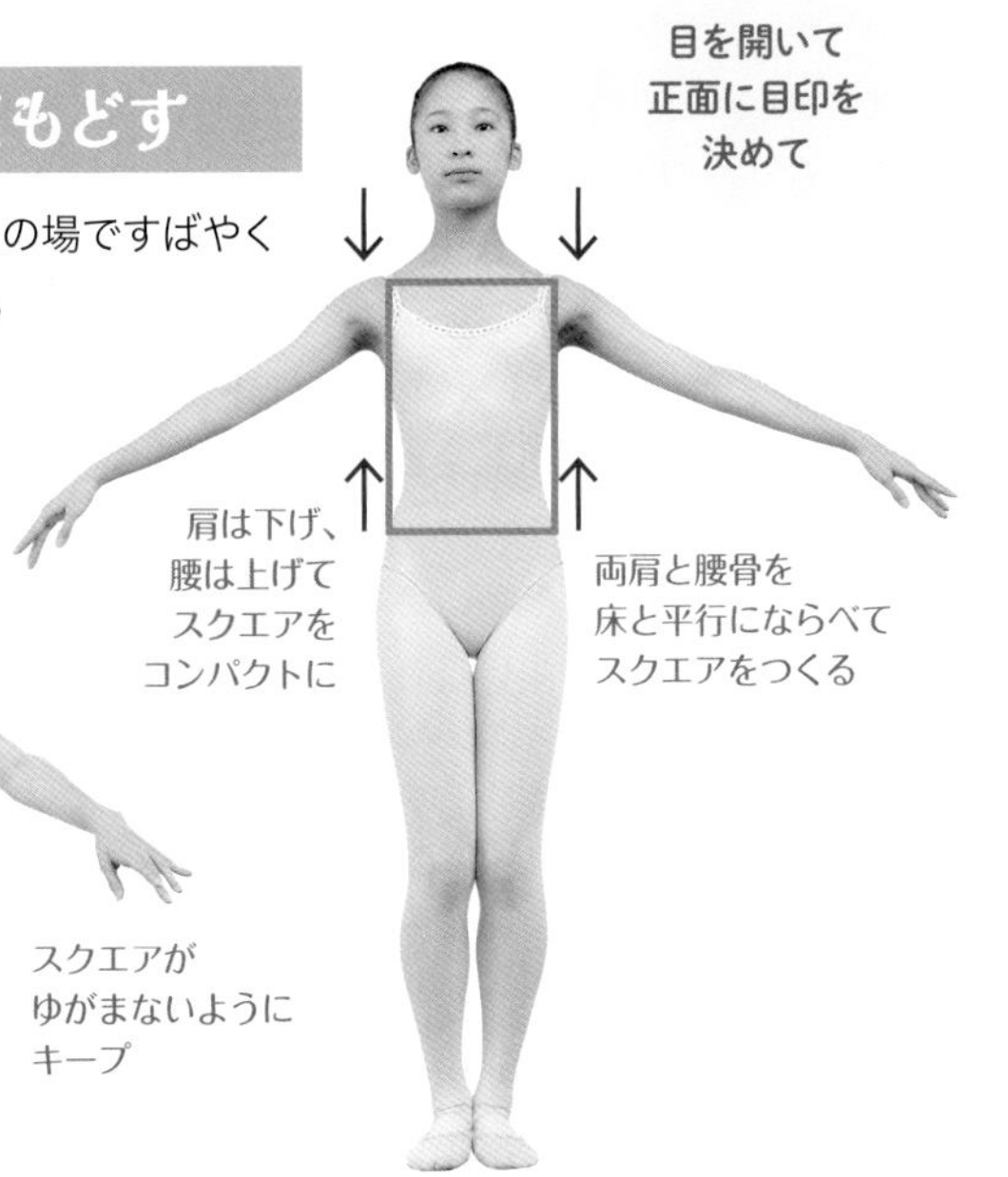

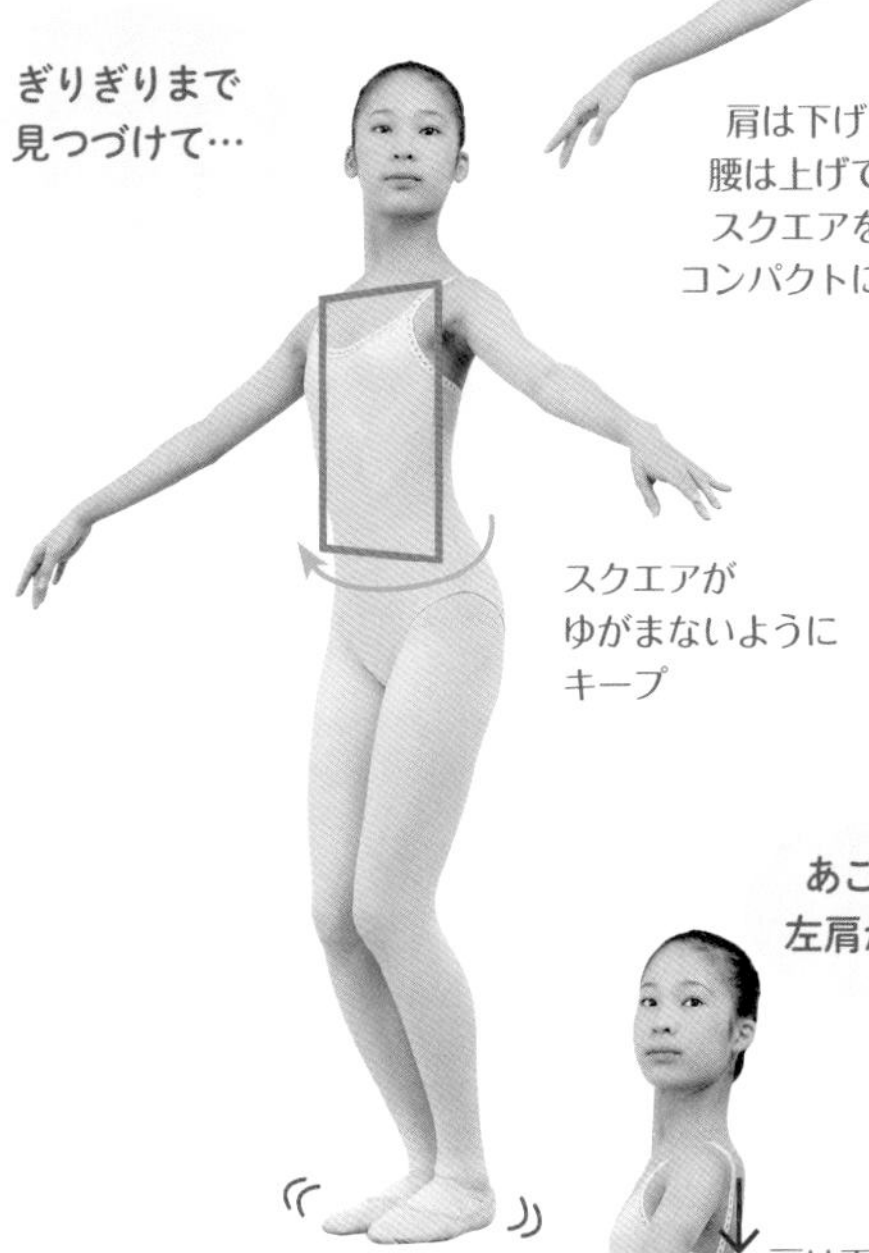

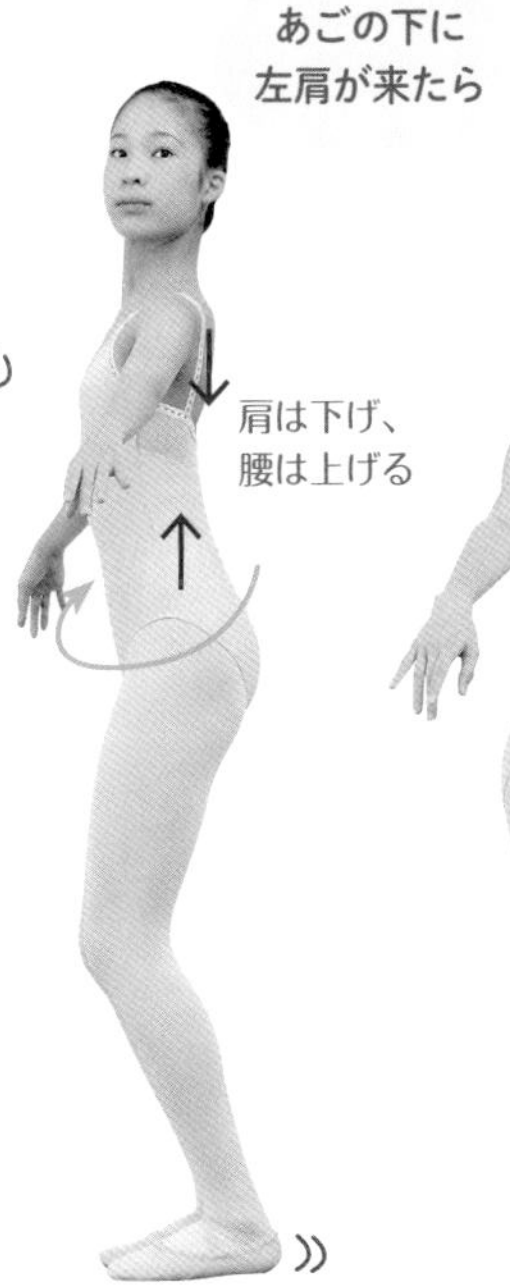

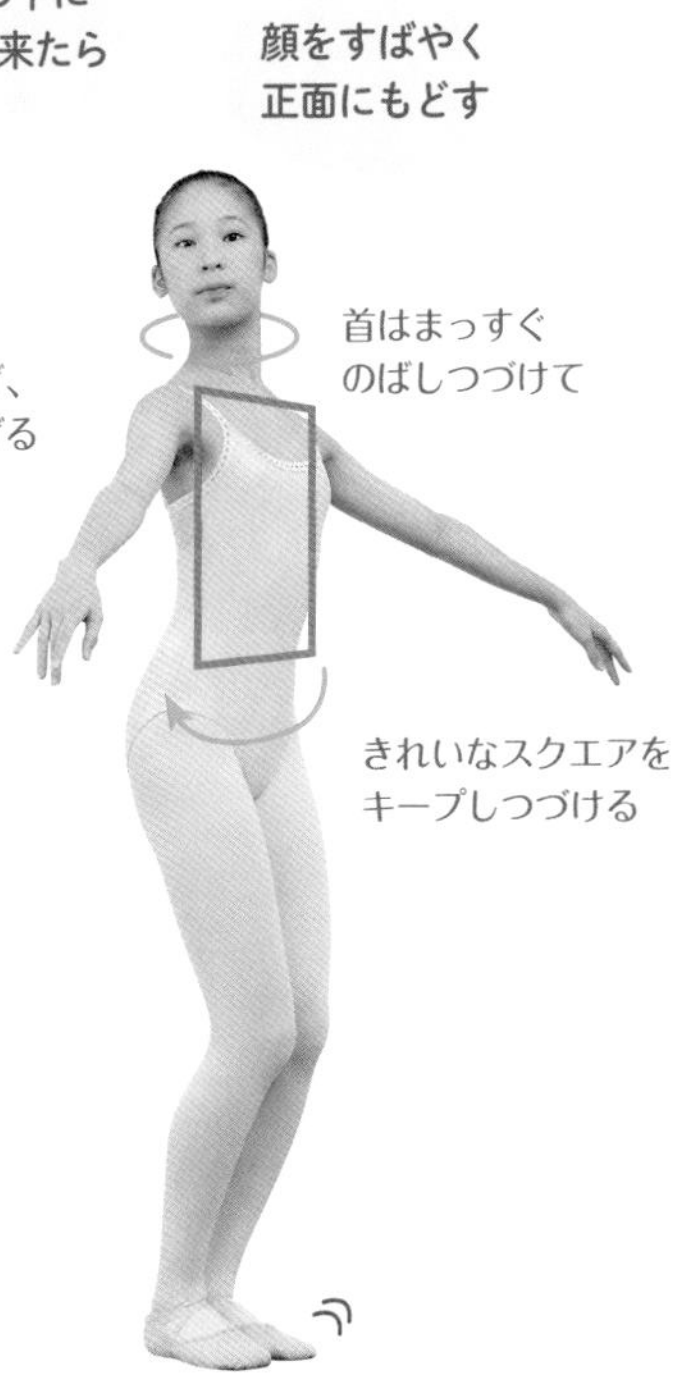

POINT 7

回りきってから よゆうをもって下りる

ピルエットを美しく見せるポイントは、いちばん最後の着地の瞬間。ドスンと落ちるように終わらないで、**正面まで回りきったら、そこからもうひとつ引き上げてから下りるイメージをもちましょう。**たとえば2回転なら、「1回転」「2回転」のあと、「ａｎｄ」で背中と腰を引き上げてひと呼吸おいてから脚を下ろします。「落ちる」というよりは「下ろす」イメージをもつと、着地のプリエもていねいに行えますよ。

着地と腕の最後のポーズをスパッと同時に決めることも大切です。ルティレにするとき、手と脚を同時にまとめたように、着地のときも、腕と脚のタイミングをしっかりそろえましょう。

美しいピルエットのためのエクササイズ

体をまっすぐにささえる「腹筋」と「背筋」のほか、
ルティレの膝をアン・ドゥオールして回転のキレを出すため
「股関節のストレッチ」を行いましょう

背筋スイミング

手脚をななめのセットで動かして
背筋をきたえましょう。

1 うつぶせに寝て、手脚をまっすぐのばす。

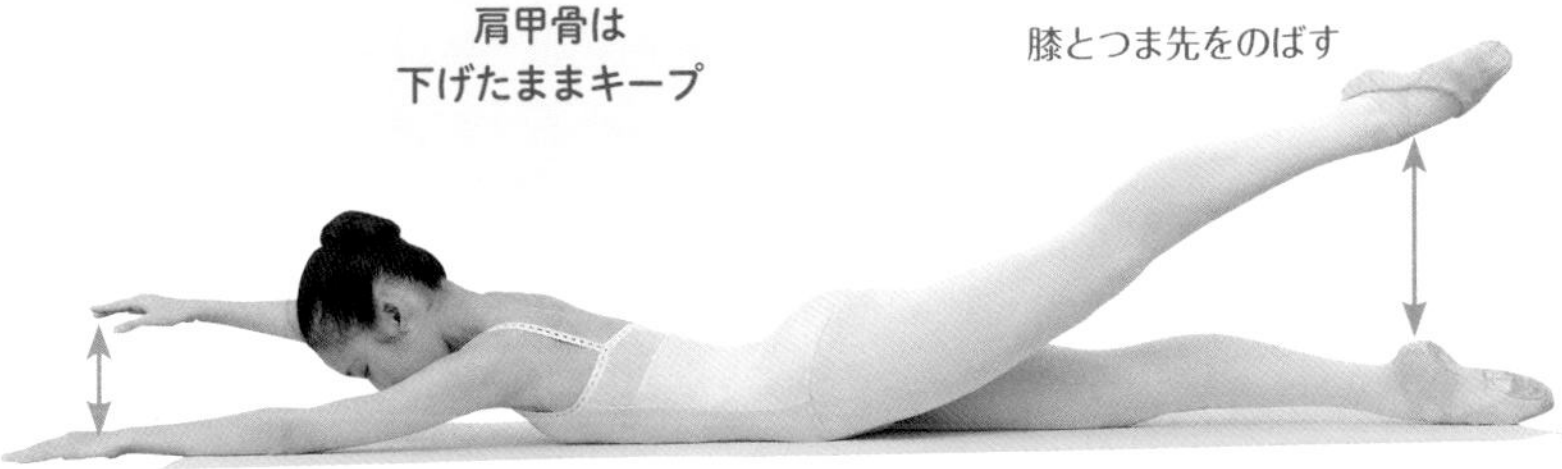

2 右腕と左脚を上げて、10回バウンドさせる。

3 左腕と右脚を上げて、10回バウンドさせる。その後また手脚を変え、今度は手脚を上げたまま20秒間ずつキープする。

脚くるくる腹筋

足先をすばやく動かしながら、
下腹《かふく》の力で体をささえます。

あお向けに寝て片脚を上げてフレックスにし、かかとで小さな円を描くように、すばやく外回しと内回しで20回ずつ回します。反対脚でも行いましょう。

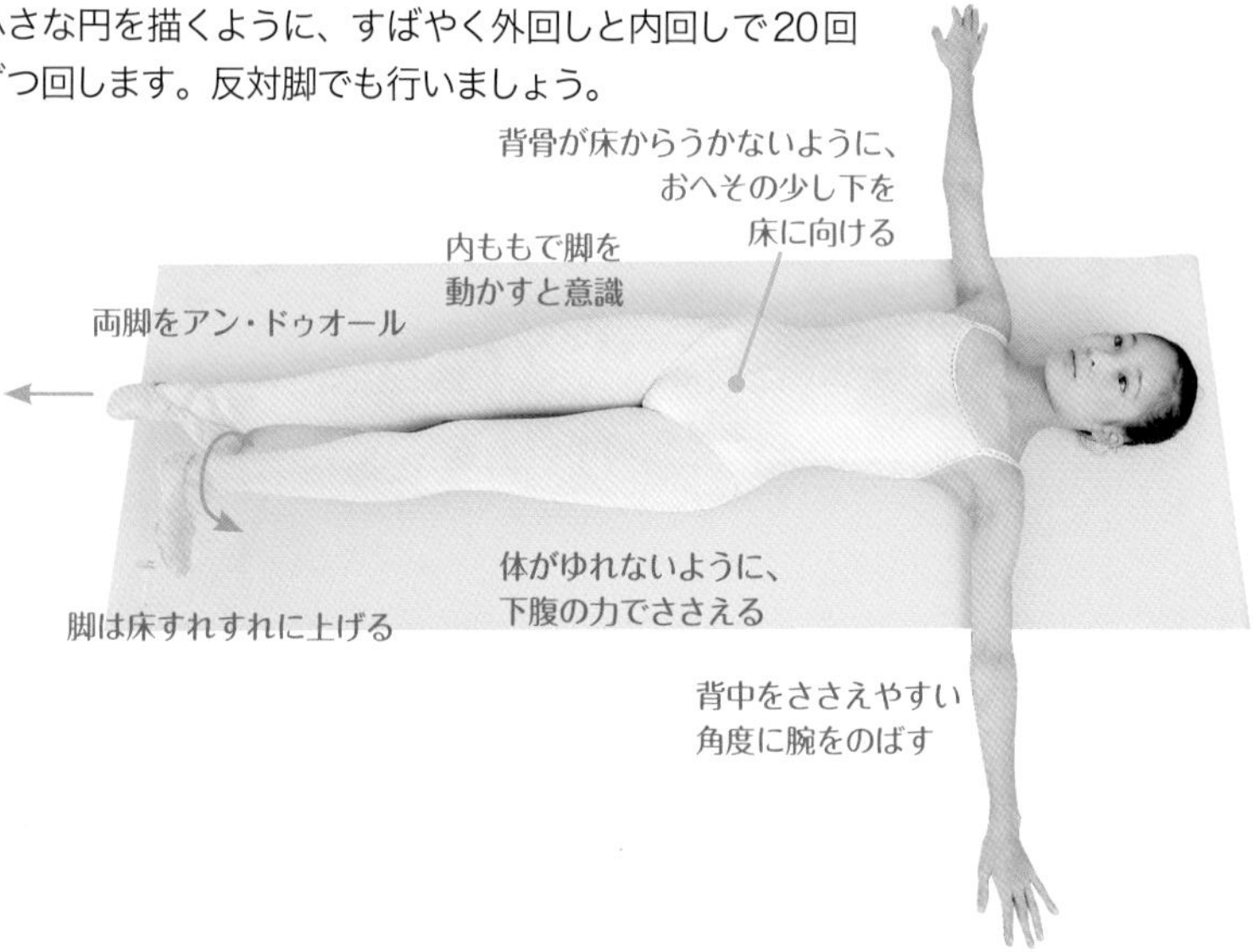

カエル股関節ストレッチ

キレイなルティレのために、股関節を柔らかくしましょう。

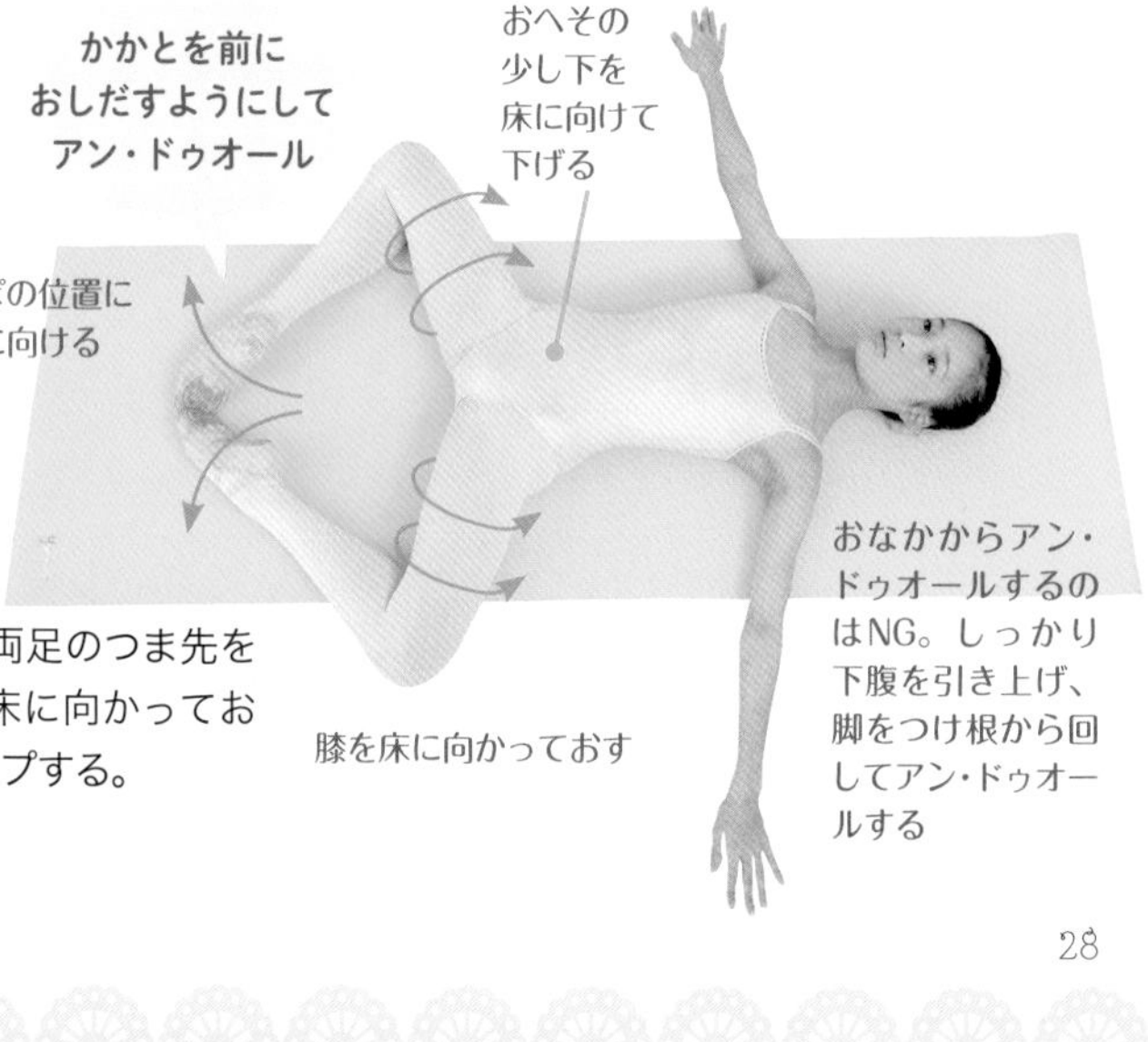

あお向けに寝て両足のつま先をくっつけ、膝を床に向かっておし、しばらくキープする。

脚ふり回し腹筋&背筋エクササイズ

脚を投げるように大きく回しながら、
腹筋で体をささえます。

両脚をアン・ドゥオールしてつま先をのばし、片脚を前から横にすばやく20回まわす。逆回しでも行い、反対脚でも同じように行う。

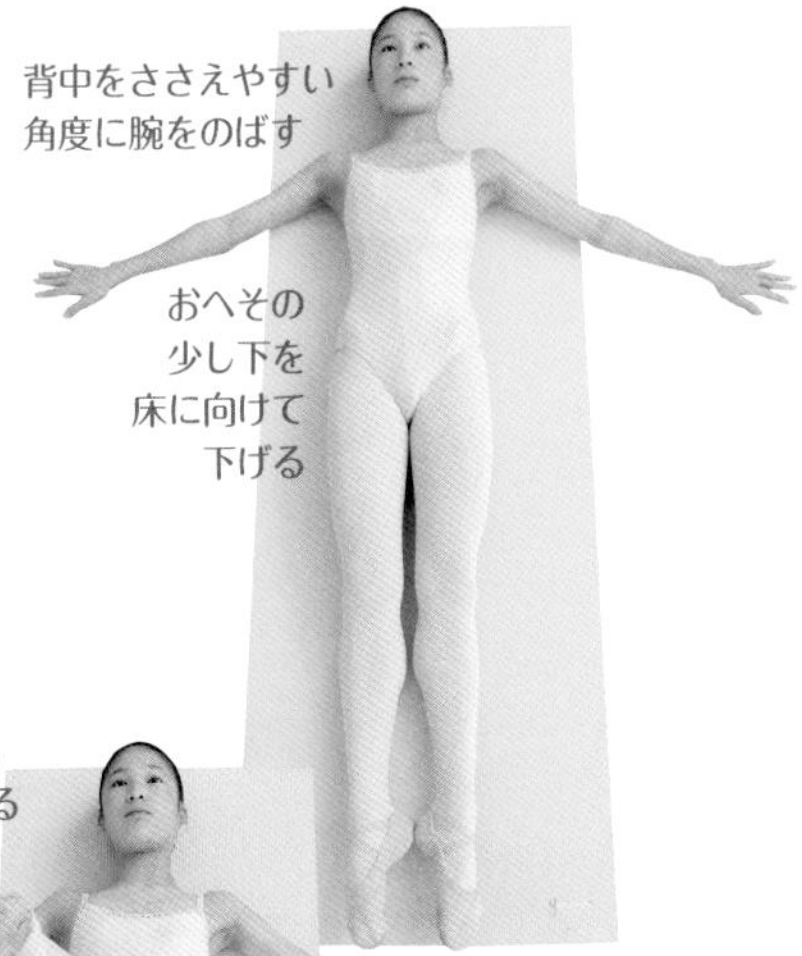

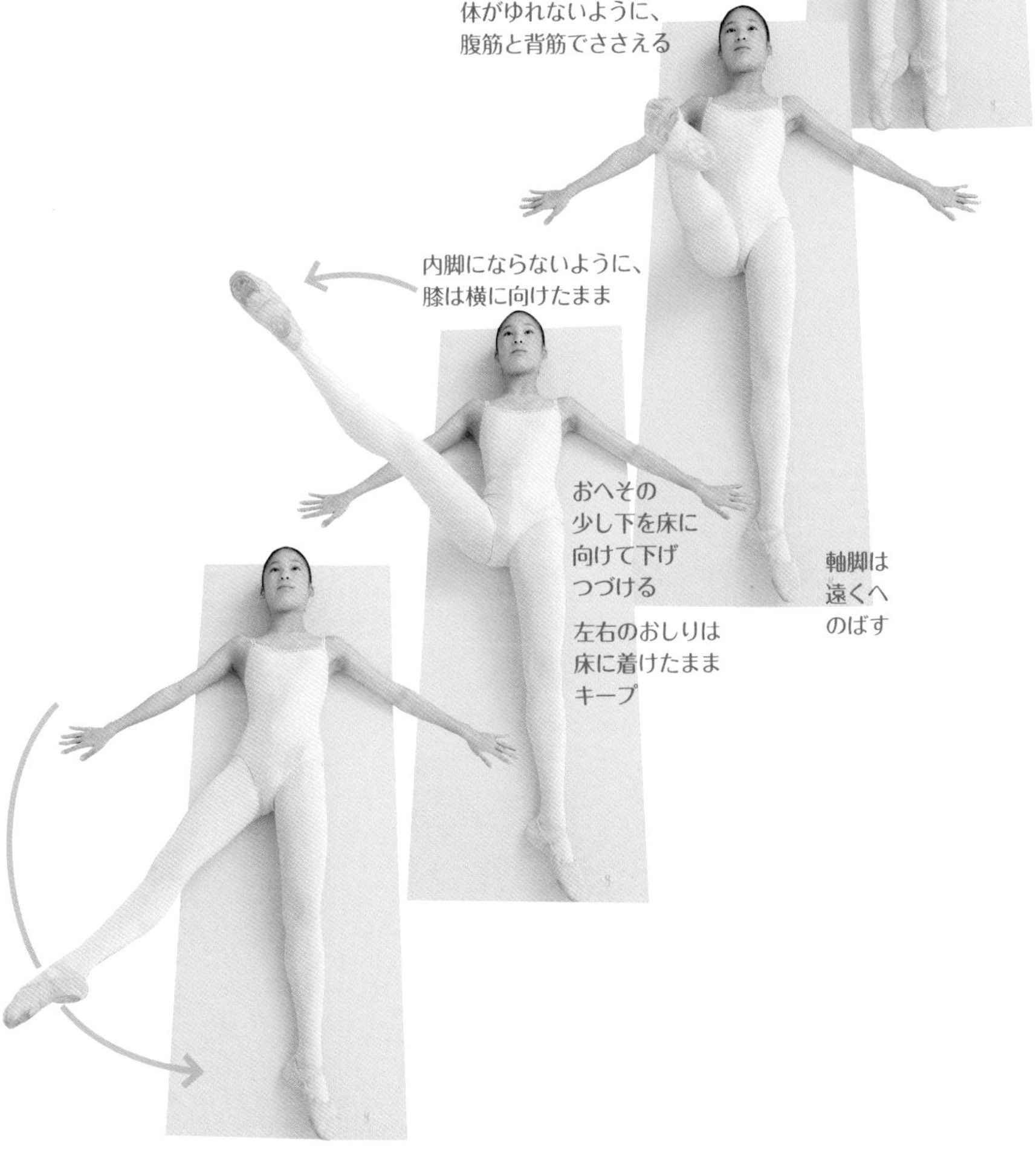

ピルエット・アン・ドゥダンも CHECK!

アン・ドゥオールはルティレの脚の方向に回りますが、アン・ドゥダンは軸脚の方向に回ります。回転の向きが変わっても、アン・ドゥオールと意識すべきポイントは同じです。ただし、ポイント5で説明した「軸わきを包みこむように使う」は、「軸わき」ではなく「動脚側のわき」になるので注意してください。

＊ここではトウシューズで説明しています。バレエシューズのときは軸脚をドゥミ・ポアントにして行いましょう

1

右脚をプリエ、左脚をのばした第4ポジション。右腕はアン・ナヴァン、左腕はア・ラ・スゴンドに。

アン・ドゥダンのプレパレーションには、脚をア・ラ・スゴンドに出してからルティレするものもありますが、両腕と両脚を集めるタイミングは変わりません。

2

右腕をア・ラ・スゴンドに開く。

3

両腕をアン・ナヴァンに集めると同時に、右脚はポアント（またはドゥミ・ポアント）、左脚はルティレにして立ち、左わきを包みこむように使って右まわりに回転し始める。

アン・ドゥダンでも、プリエのときからおなかの奥と背中の引き上げを意識。ポアント（またはドゥミ・ポアント）に立つときにすぐに骨盤を立てて、プリエで意識した姿勢を作りましょう。

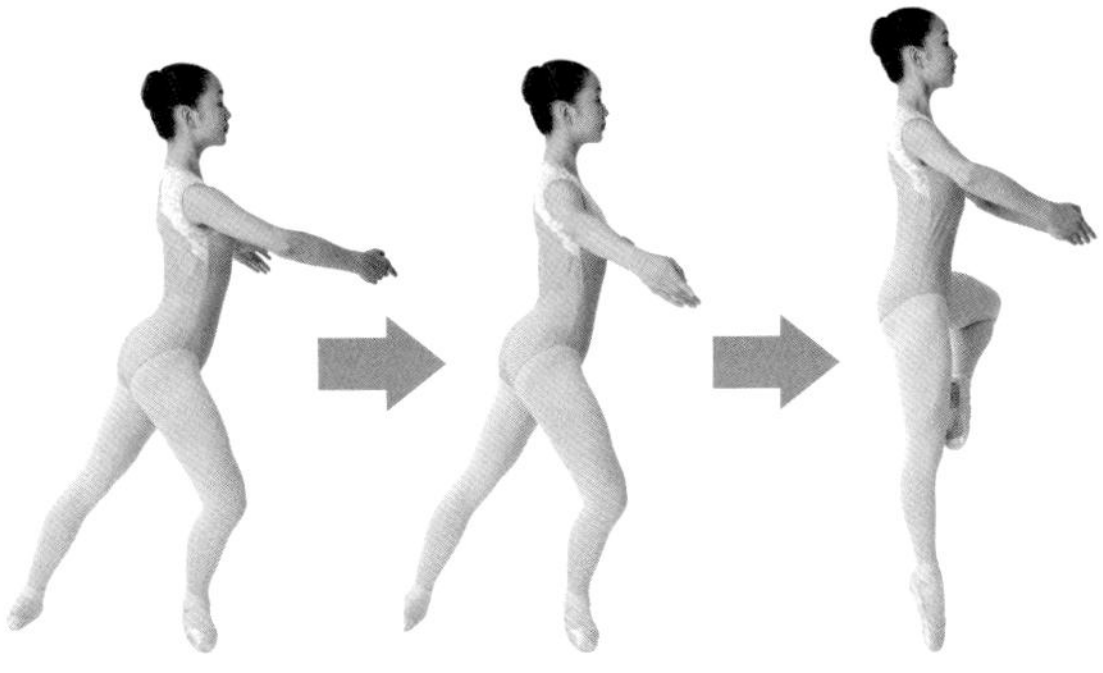

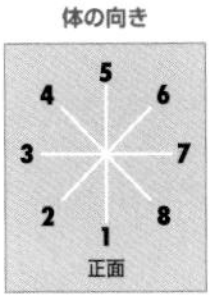

4

顔はギリギリまで正面に残してからすばやく回して正面に向け、脚と腕のポジションをキープしたまま回転してくる。

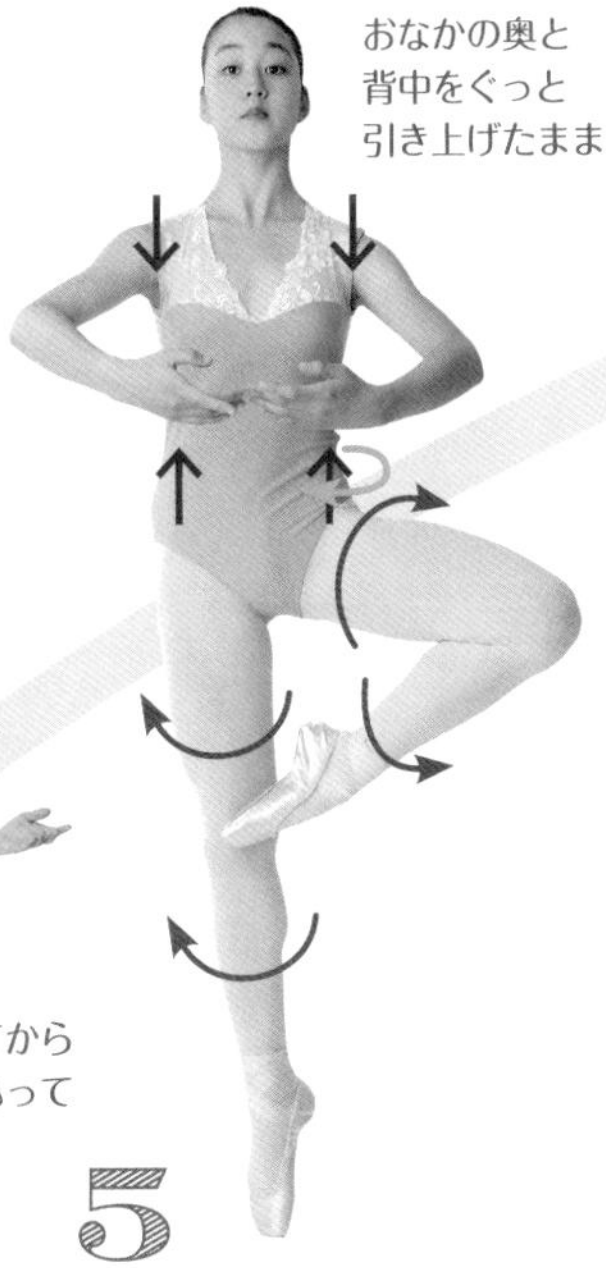

5

左わきを包みこむように使いながら、体が正面を向くまで回ってくる。

6

2 まで回って左足前の第5ポジションのプリエに下りると同時に両腕を開いてポーズ。

ピルエット 7つのポイント

POINT 1
どう回りたいかイメージする

POINT 2
まとめるタイミングをのがさない

POINT 3
床をおしてまっすぐ立つ

POINT 4
ルティレのポーズをキープする

POINT 5
上体のスクエアをキープし、
軸わきを包みこむように使う

POINT 6
顔をしっかり残してすばやくもどす

POINT 7
回りきってからよゆうをもって下りる

ピケ・トゥール

ピケはフランス語で「刺《さ》す」、トゥールは「回転」の意味。
片脚をまっすぐにのばしたまま床につき刺すようにして
ドゥミ・ポアントに立ち、その脚を軸《じく》にして回転するパです。
美しく回りつづけるためには、ピケの立ち方や顔のつけ方、
体を支える筋肉の強さなどの基本的なことが重要になります。
一つひとつのポイントをいっしょに見ていきましょう。

ピケ・トゥールの回り方をCHECK!

ここではピケ・トゥール・アン・ドゥダンで説明しています。

POINT 1 ピケでまっすぐ立つ!

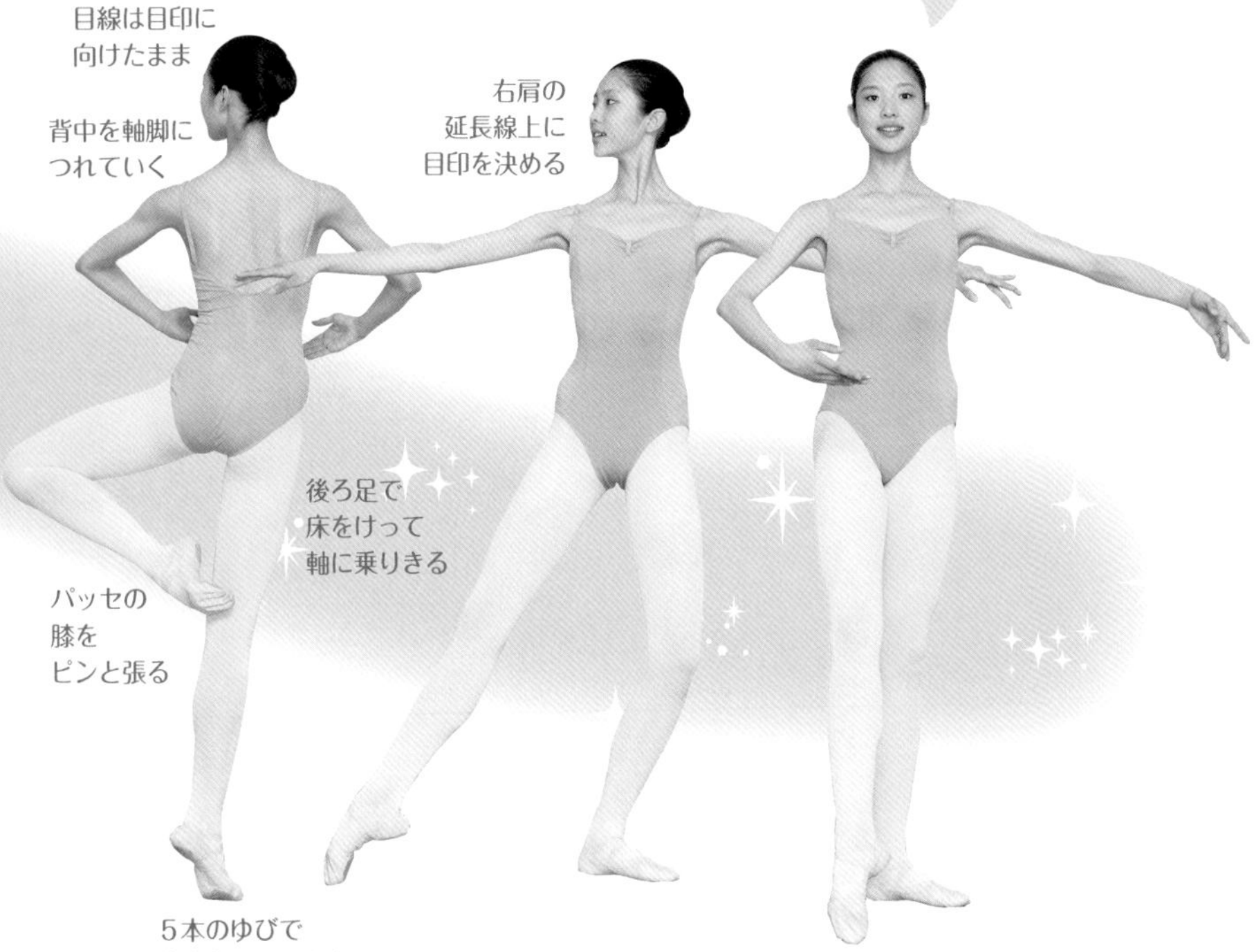

1

正面を向いて右足前の第5ポジションで立ち、右脚を前に出す。右腕はアン・ナヴァン、左腕はア・ラ・スゴンドに。

2

左脚をドゥミ・プリエしながら右脚をつま先で弧《こ》を描《えが》くように**3**の方向に出す。同時に右腕を開いてア・ラ・スゴンドに。

3

左足で床をけって右脚のドゥミ・ポアントで立つと同時に、体を反転させて**5**の方向を向きながら左脚を後ろのルティレにし、右回りに回転していく。両腕はアン・ナヴァンに集める。

体の向き

POINT 2 顔をすばやくつける

POINT 3 上体のスクエアをまっすぐにキープする

5

体を正面に向けながら左脚をおろしてドゥミ・プリエにし、右脚を弧を描くように**3**の方向に出す。両腕はア・ラ・スゴンドに。

4

顔をすばやく右に回し、**3**の方向へ。

ここで紹介している回り方は一例です。メソッドによって回り方が異なる場合があります

POINT 1

ピケでまっすぐ立つ

片脚をまっすぐにのばしたまま床につき刺すようにしてピケするとき、軸脚に乗りきれなかったり、おしりが出ていたりして体のラインがゆがんでいると、バランスがとれません。1回目は力で無理やり回れても、連続するうちにくずれてしまいます。つねに軸脚のつま先から頭のてっぺんまでまっすぐにして立ちましょう。

ポイントは、ピケに立つとき、後ろ足で床をしっかりけって軸脚に乗りきると同時に、軸脚の5本のゆびでしっかり床をおして体をもち上げることです。また、腕をアン・ナヴァンに集めるときは、背中を軸脚の上につれていくイメージで動かすと、正しく体重移動することができます。ルティレの内ももがゆるんでおしりが出ないように、**膝《ひざ》を横にピンと張ることもわすれずに。**

ピケに立つとき、どれくらいの力でおせば軸に乗りきれるかは、練習するうちにわかってきます。38ページからのレッスンをくり返して身につけましょう。

NG

後ろ脚で床をしっかり
けっていないので、
軸脚に乗りきれず
上体がかたむいている

NG

ルティレの膝を横に
ピンと張っていないので、
おしりが出ている

バーにつかまってピケで立つ

まずはバーにつかまりながら脚だけに集中して、
後ろ足で床をけって軸脚に乗りきる感覚をつかみましょう。

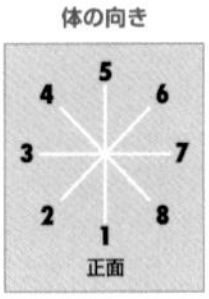

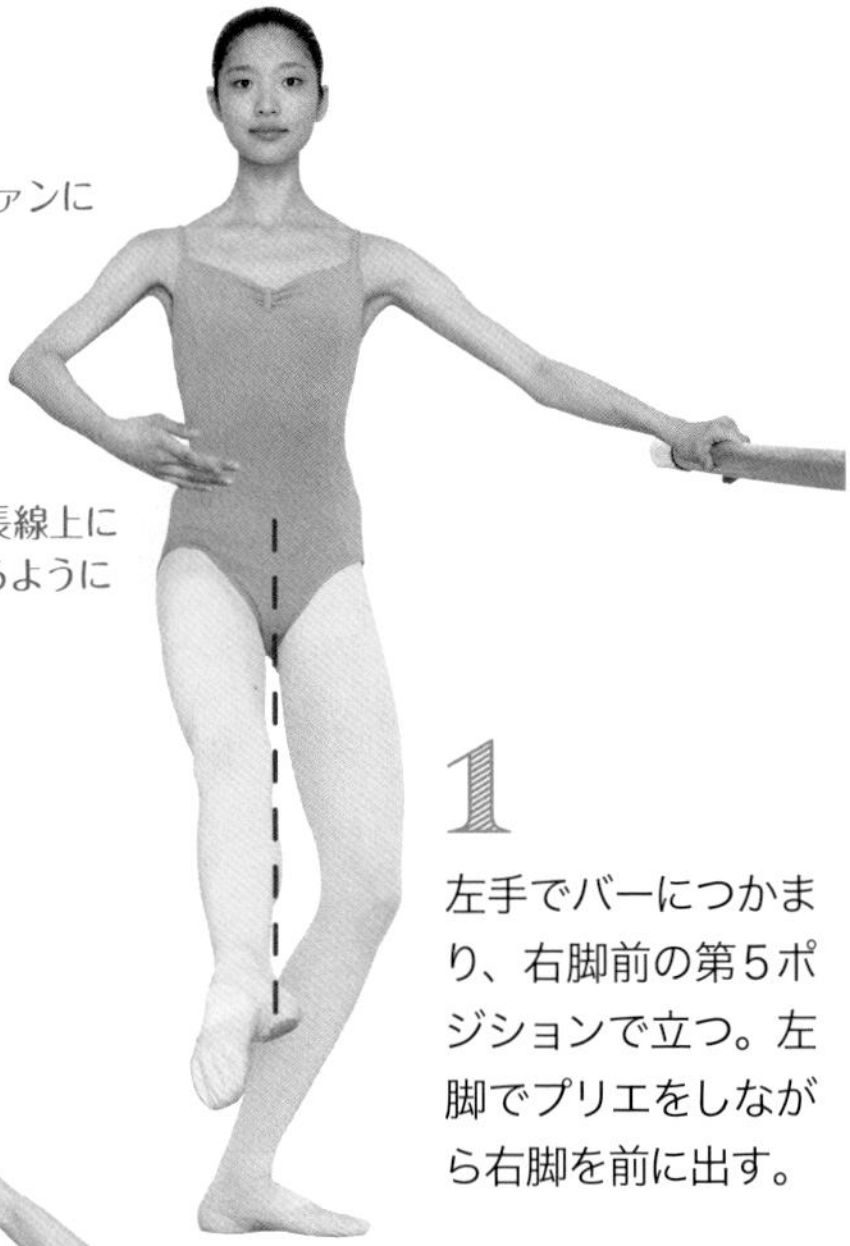

1

左手でバーにつかまり、右脚前の第5ポジションで立つ。左脚でプリエをしながら右脚を前に出す。

2

右脚のドゥミ・ポアントで立ちながら、
左脚を後ろのルティレに。

腕も使ってピケで立つ

バーで感覚をつかんだらセンターへ。
背中を軸脚の上につれていくイメージで腕を集める
練習をしましょう。

1

右脚前の第5ポジションで立ち、左脚でプリエしながら右脚を前に出す。両腕はア・ラ・スゴンドに。

おへその延長線上に
かかとがくるように

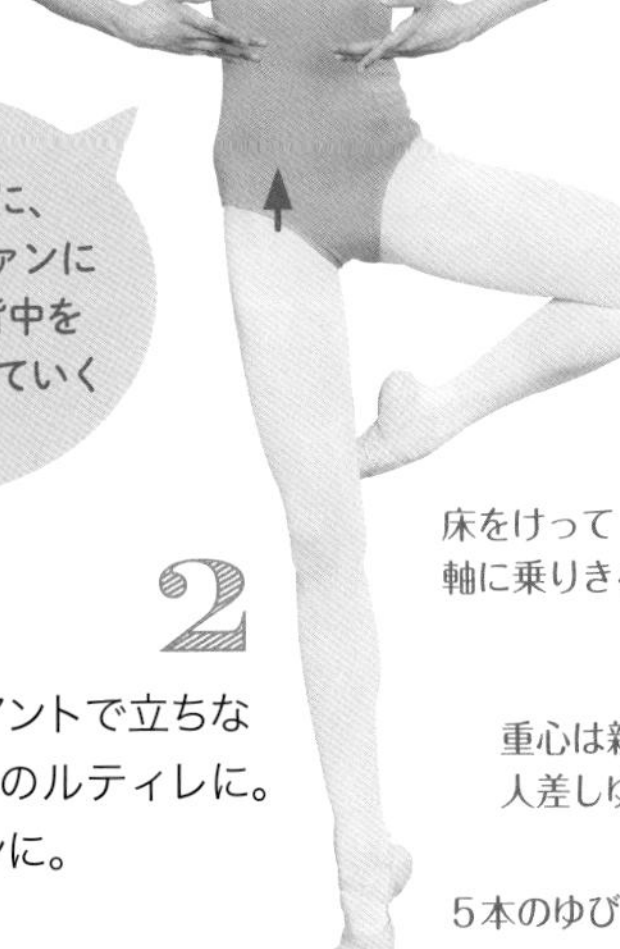

床をける瞬間《しゅんかん》に、
腕をアン・ナヴァンに
集めることで背中を
軸脚の上へつれていく

膝は横に向けたまま、
かかとから動かして
ルティレに

床をけって
軸に乗りきる

2

右脚のドゥミ・ポアントで立ちながら、左脚を後ろのルティレに。腕はアン・ナヴァンに。

重心は親ゆびと
人差しゆびのあいだ

5本のゆびで床をおして腰からもち上げる

半回転しながらピケで立つ

実際《じっさい》に回るときには、半回転しながらピケで立たなければなりません。
するととたんに軸がくずれてしまいがち。
回転しながらでもまっすぐ立てるように練習しましょう。

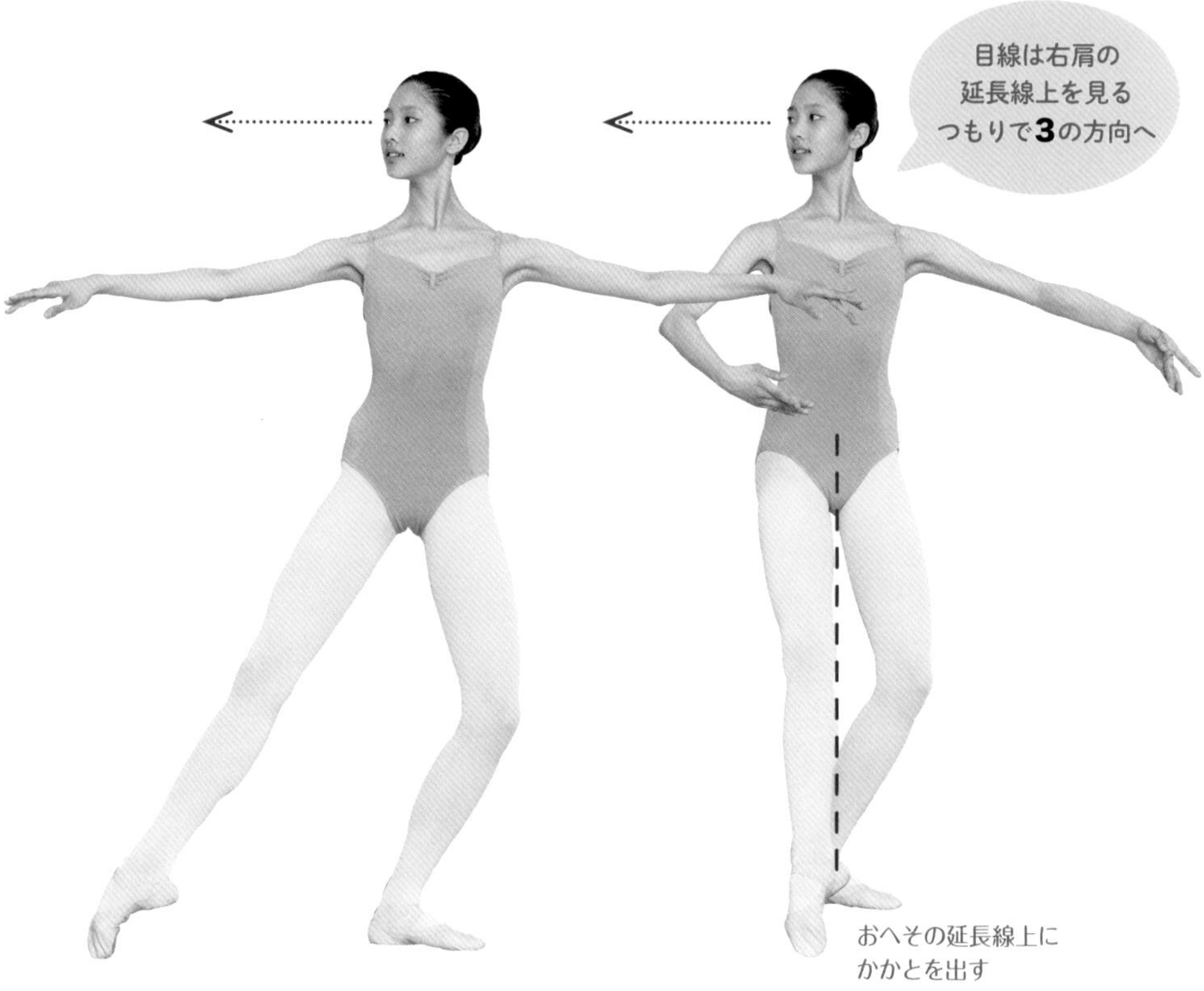

1

体を**1**の方向に向けて第1ポジションで立ち、左脚でプリエしながら右脚を前に出す。右腕はアン・ナヴァン、左腕はア・ラ・スゴンドに。

2

右脚をつま先で弧を描くように**3**の方向に出す。同時に右腕を開いてア・ラ・スゴンドに。

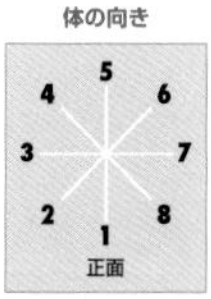

3

左足で床をけって右脚のドゥミ・ポアントで立つと同時に、体を反転させて**5**の方向を向きながら左脚を後ろのルティレにする。両腕はアン・ナヴァンに。

プラス Exercize

床をける力をきたえる

軸に乗りきれない人は、後ろの足で床をける力が弱い場合があります。イスや台を使ったエクササイズで、床をける力で体をもち上げる練習をしましょう。

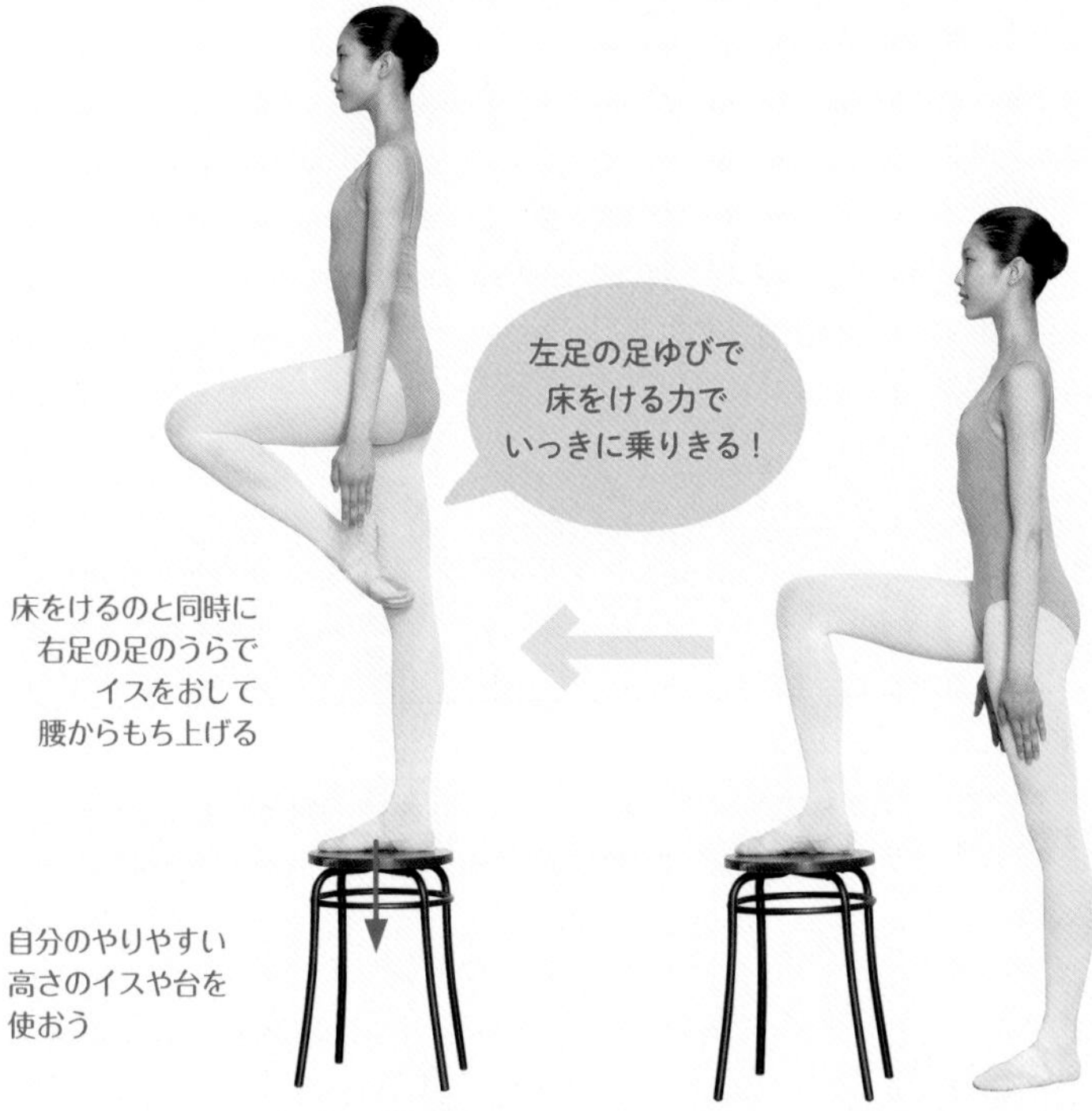

1 イスに右脚を乗せてパラレルで立つ。

2 左足で床をけり、右脚をのばしてイスの上に立つ。左脚はパッセに。

POINT 2

顔をすばやくつける

顔を体より先に進行方向まで回せないと、体の回転にブレーキがかかり、つぎのプレパレーションに間に合わなくなります。また、いつまでも顔を残していると、上体がねじれてバランスをくずす原因に。

顔をすばやくつけるコツは、**進行方向に目印を決め、自分の肩があごの下まで来たらすぐにふりむいて、目印を見つめつづけることです。このとき、右回転なら左目、左回転なら右目で目印を見るイメージで顔を動かすと、しぜんにはやく回せます。**つぎのエクササイズで、顔をすばやくつける練習をしましょう。

その場で回りながら顔をつける

第1ポジションのドゥミ・ポアントで回りながら顔をつける練習をします。
最初はゆっくり確認し、慣《な》れてきたら回転のスピードを上げて
すばやく顔をつけましょう。

体の向き

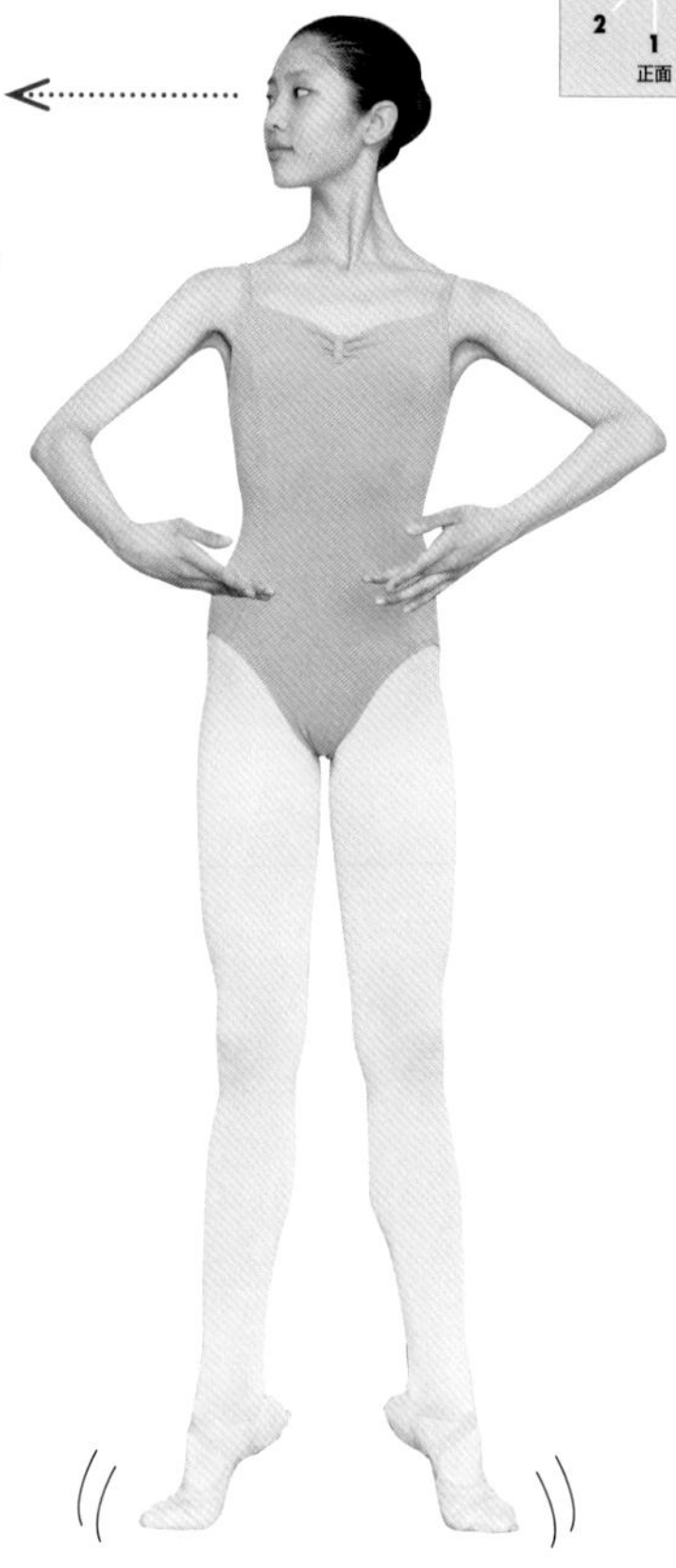

かべにポスターを
はっておくなど、
わかりやすい目印が
あるとGood！

進行方向の肩の
延長線上に、
目印になる点を決めて、
しっかり見る！

1

第1ポジションのドゥミ・ポアントで立ち、足踏みをしながらその場で右回りに回っていく。両腕はアン・ナヴァンに。

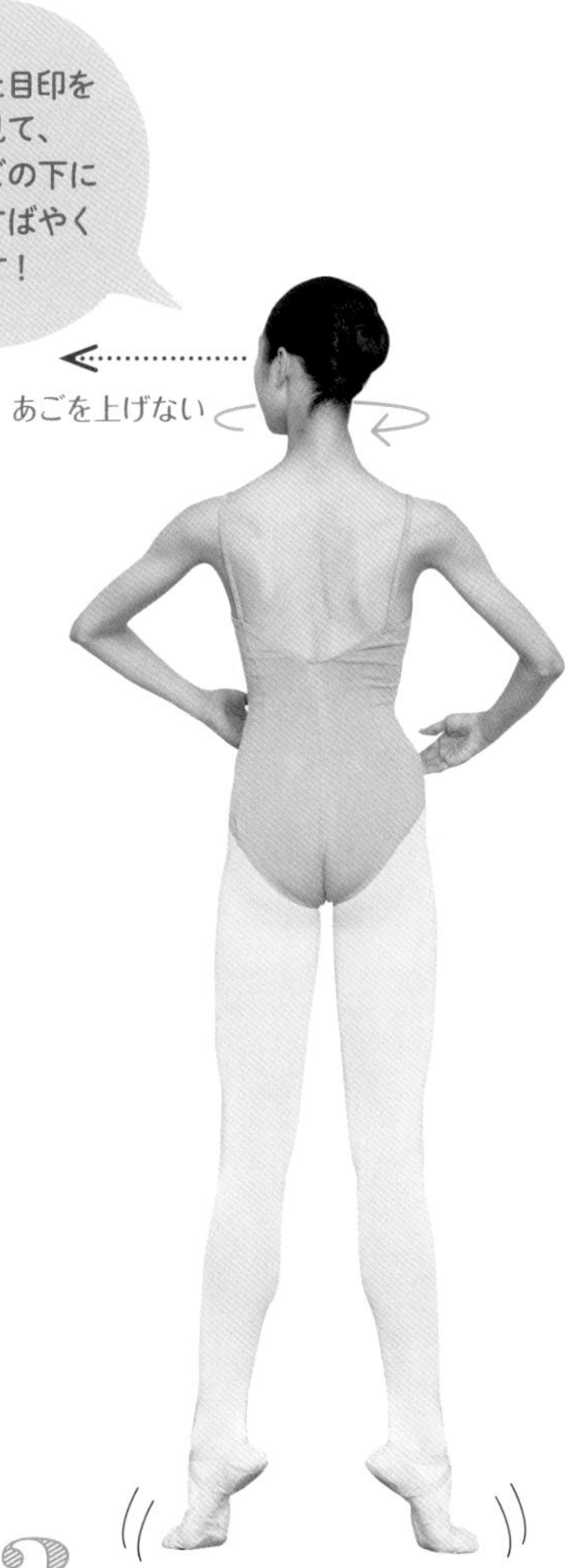

2

左肩があごの下に来たら顔をすばやく右に回し、体より先に**3**の方向へ向けながら体を回し……

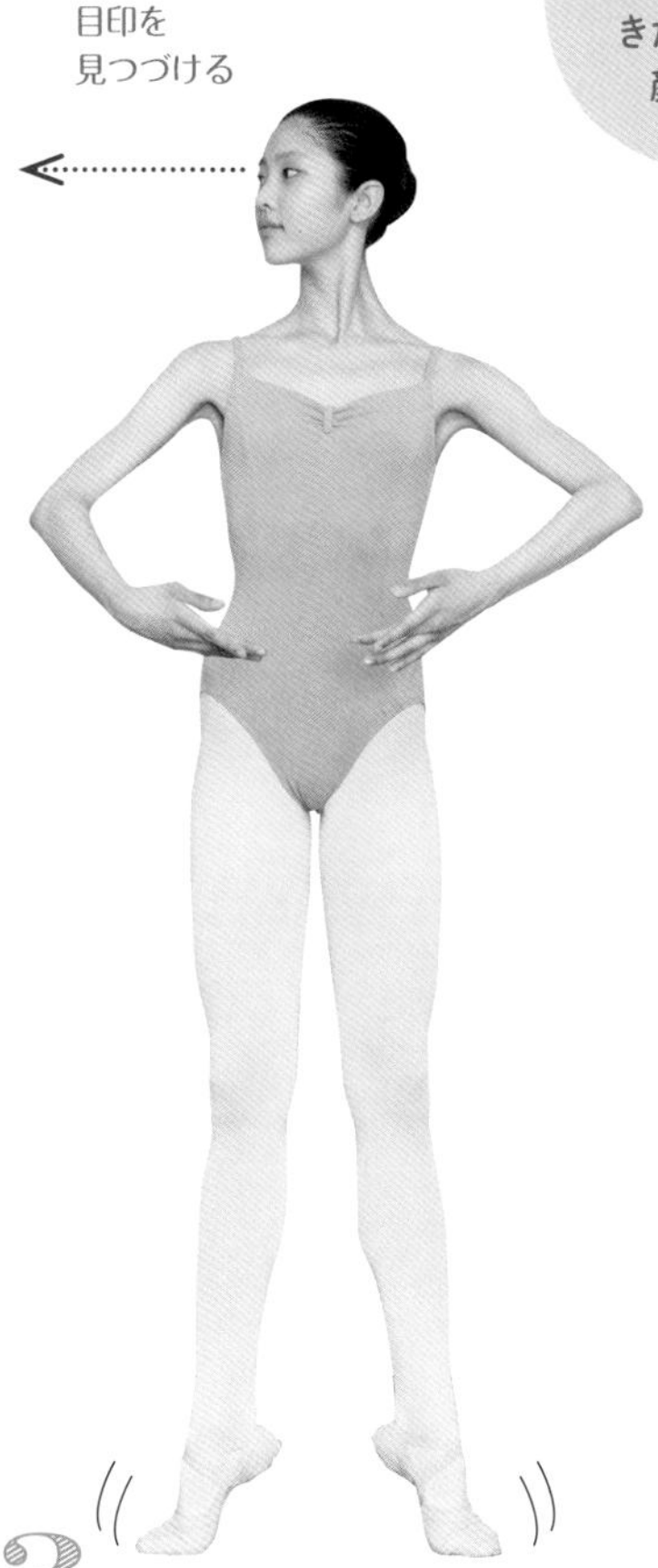

3

体が正面を向くまで回っていく。
1〜3を何度かくり返す。

POINT 3

上体のスクエアをまっすぐにキープする

上体がかたむいていると体がふり回され、回転がおそくなったり、バランスをくずしたりしてしまいます。

つねに両わきの長さをそろえて上体をまっすぐにたもつためにも、**左右の肩と腰骨を平行にならべてスクエア（四角形）をつくり、これをキープすることを心がけましょう。**

たとえ1回転なら回れても、上体を支える筋肉が弱いとスクエアをキープすることはできません。48ページからのエクササイズで日ごろから腹筋、背筋、体のサイドの筋肉をきたえ、連続で回ってもゆらぐことのない強いボディを手に入れましょう。それぞれ1分くらいのゆったりとした曲をかけて、その曲が終わるまで取り組んでみてください。

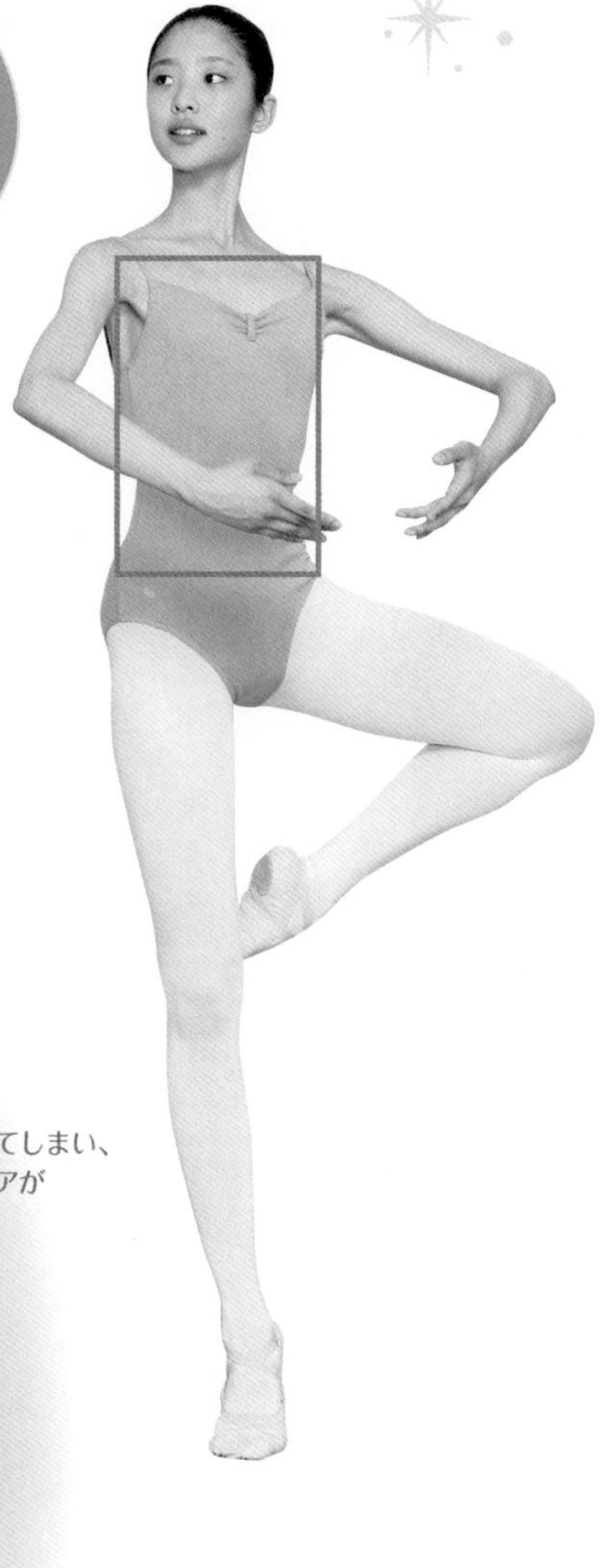

左の脇が落ちてしまい、
上体のスクエアが
ゆがんでいる

腹筋・背筋・サイドの筋肉をきたえる

ロン・ド・ジャンブやルティレなどで下半身を動かしても、
上体のスクエアをキープできるように、
腹筋、背筋、サイドの筋肉をきたえましょう。

両肩を床につけておく

なるべくおしりがうかないように、
左側の腹筋で引っぱって
体をまっすぐにキープ！

1 あお向けになり、両脚を90度に上げる。
ゆっくり8カウントで右にたおす。

なるべくおしりが
うかないように、
右側の腹筋で
引っぱる

両肩を床につけておく

2 8カウントで90度までもどる。
左右交互に曲が終わるまでくり返す。

サイドの筋肉をきたえる

体のサイドの筋肉が弱いと、上体がかたむくだけでなく
腕が下がる原因にも。しっかりきたえましょう。

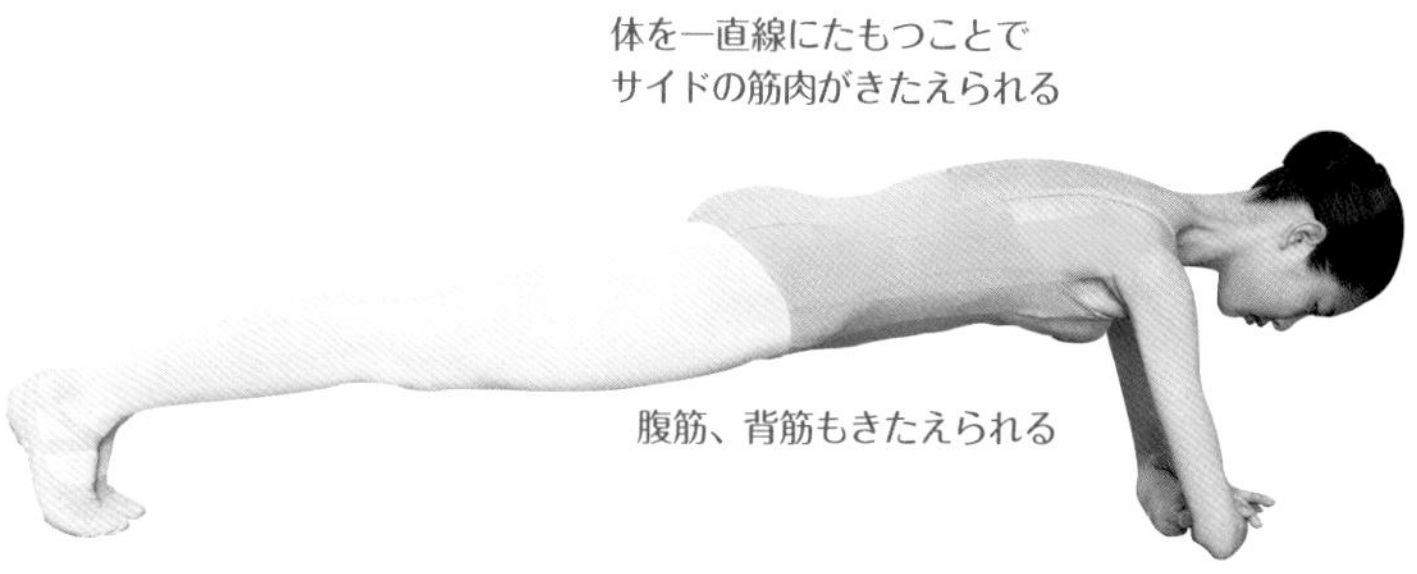

1 ひじと足ゆびで床をおして体をもち上げ、かかとから頭まで一直線にのばしてキープ。曲が終わるまでつづける。

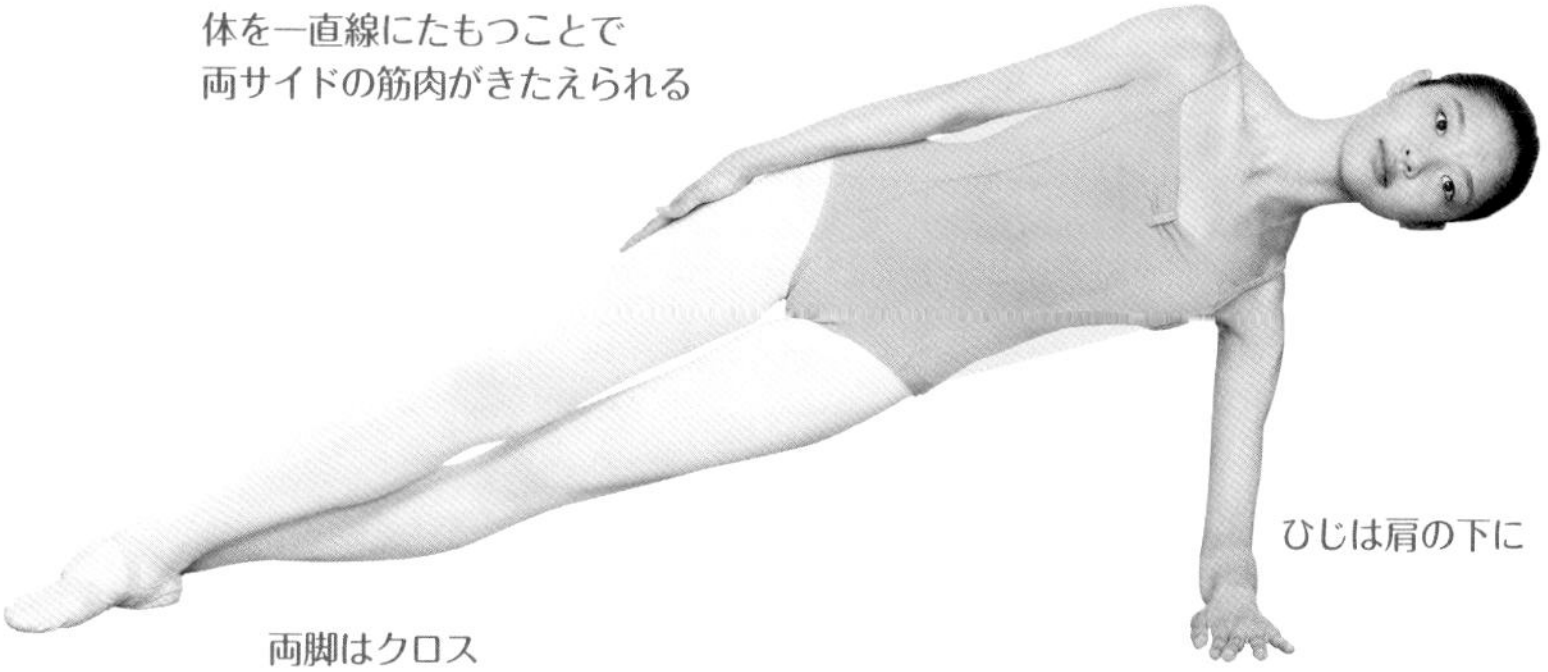

2 横向きになり、ひじから先と足で床をおして体をもち上げ、かかとから頭まで一直線にのばしてキープ。曲が終わるまでつづける。左右両方行う。

上体を回すための腹筋をきたえる

上体のスクエアをキープしながら脚といっしょに上体を回せないと、体がねじれてまっすぐにたもてません。お腹でクロスしている腹斜筋もきたえましょう。

あお向けになり、両手を頭の下で組む。左膝を曲げて自分のほうに引きよせ、右ひじと左膝をつけるように上体をひねりながら起こす。４カウントで起こし、４カウントでもとにもどる。左右交互に曲が終わるまでくり返す。

頭だけでなく
体もしっかり起こす

Challenge!

連続回転にチャレンジ！

ポイント1～3を守りながら、連続で回る練習をしましょう。1回ずつ正確に回るためにも、**まずはゆっくり4回転から。慣《な》れてきたらスピードを上げ、回転数をふやしましょう。**

アン・ドゥダンとアン・ドゥオール、どちらも連続で回転できるようになったら、アン・ドゥダン&アン・ドゥオールを1回ずつ交互に回ってみましょう。顔をすばやくつけて速く体を回さないと、プレパレーションが間に合わず、足を出す方向がわからなくなります。うまく切りかえられない人は、44ページの顔のつけ方を練習しましょう。

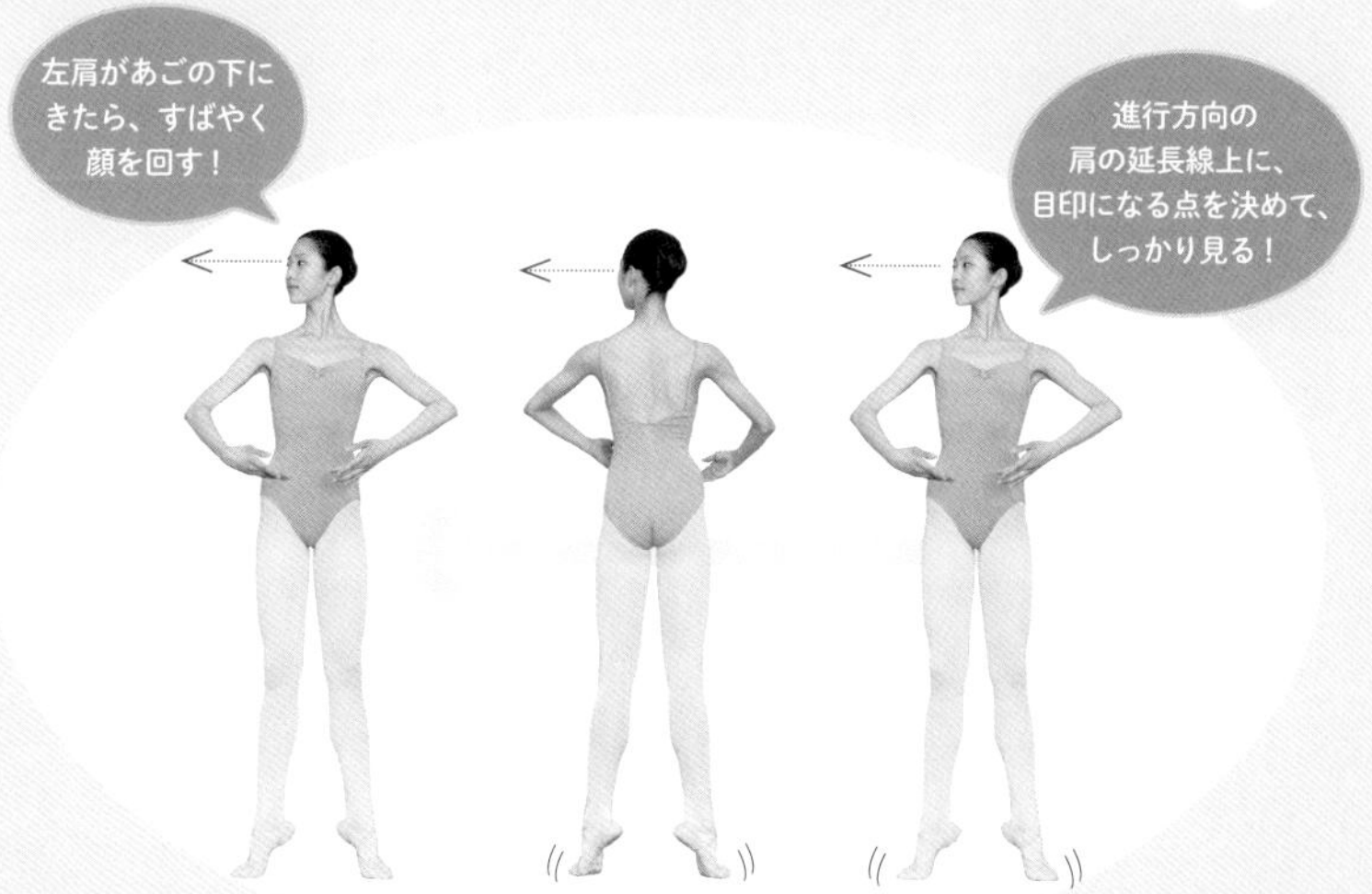

アン・ドゥダン

アン・ドゥダンはピケで軸になる脚の方向へ回転します。出した脚に重心をうつせるように、しっかり床をけって軸脚に乗りきって。

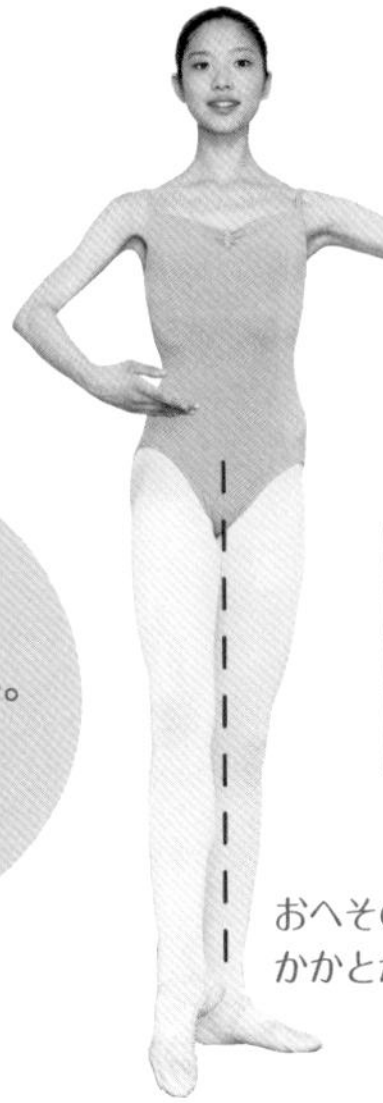

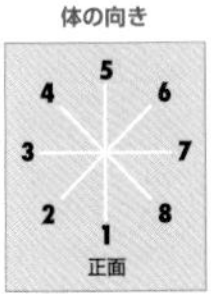

おへその延長線上にかかとがくるように

1

正面を向いて、右脚前の第5ポジションに立ち、右脚を前に出す。右腕はアン・ナヴァン、左腕はア・ラ・スゴンドに。

進行方向に目印を決め、左目で見る

手のひらを下に向けると、ひじが曲がりにくくわきをキープしやすい。右手の小指側から回転方向へ空気を切るように動かす

2

左脚をプリエしながら右脚をつま先で弧を描くように**3**の方向に出す。右腕はア・ラ・スゴンドに。

ココから2回転目！

左目で目印を見たまま

進んでいく**3**の方向に、右手と右脚を出していることをたしかめて！

かかとにドスンと下りない。すぐにピケの脚で立てるようにつま先重心でプリエ

5

体が正面を向くまで回ったら左脚を下ろしてドゥミ・プリエにし、右脚をつま先で弧を描くように**3**の方向に出す。右腕はア・ラ・スゴンドに。

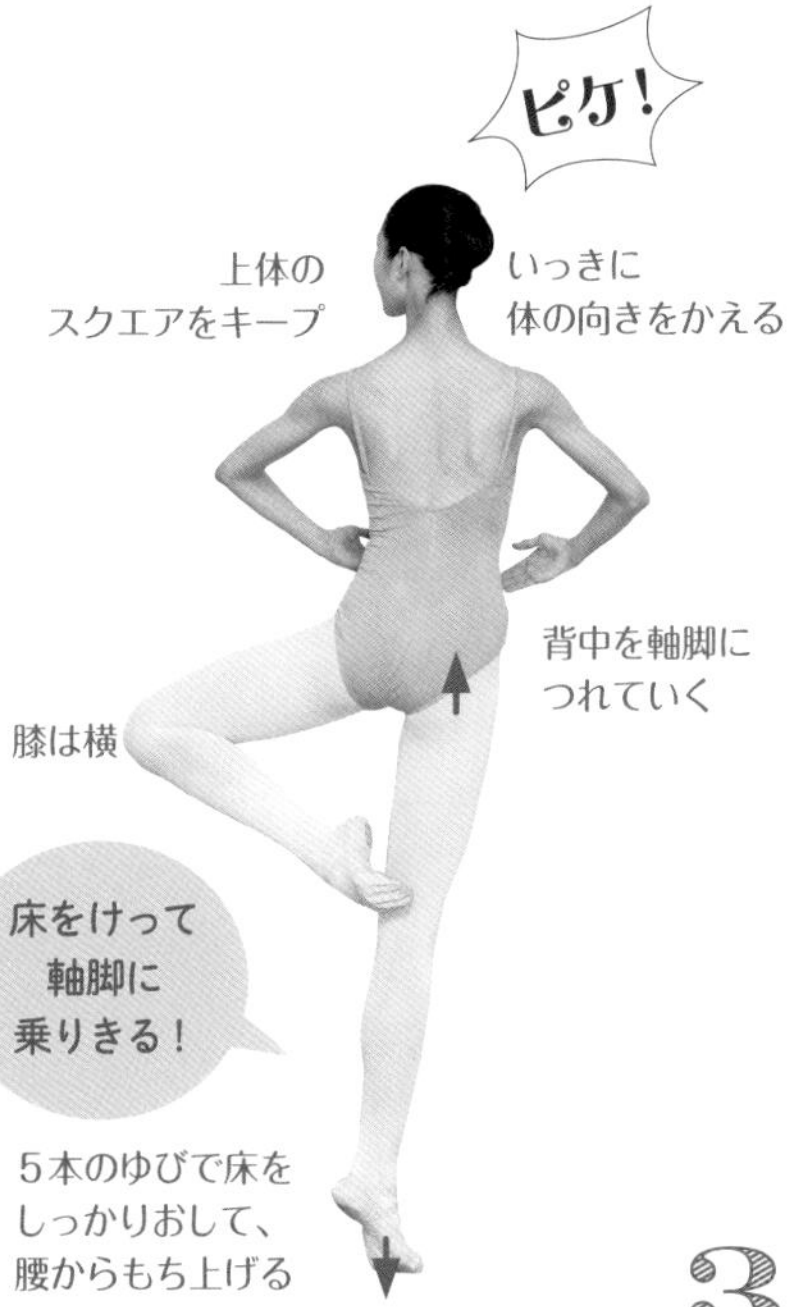

3

左足で床をけって右脚のドゥミ・ポアントで立つと同時に、体を反転させて**5**の方向を向きながら左脚を後ろのルティレにし、右に回転していく。両腕はアン・ナヴァンに。

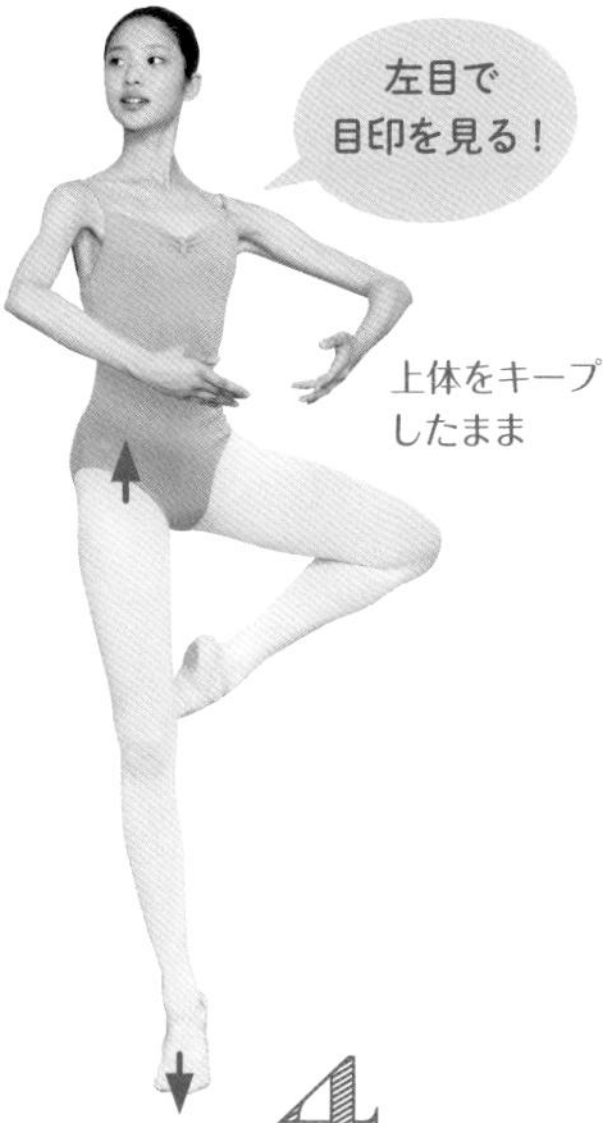

4

左肩があごの下まで来たら顔をすばやく右に回し、**3**の方向へ。

6

3～**5**をくり返す。

アン・ドゥオール

アン・ドゥオールでは、パッセにする脚の方向へ回ります。横に出した脚は、しっかり自分のほうに引き寄せてからピケで立つこと。引き寄せずに立ってしまうと、まっすぐ進めなくなるので注意して。

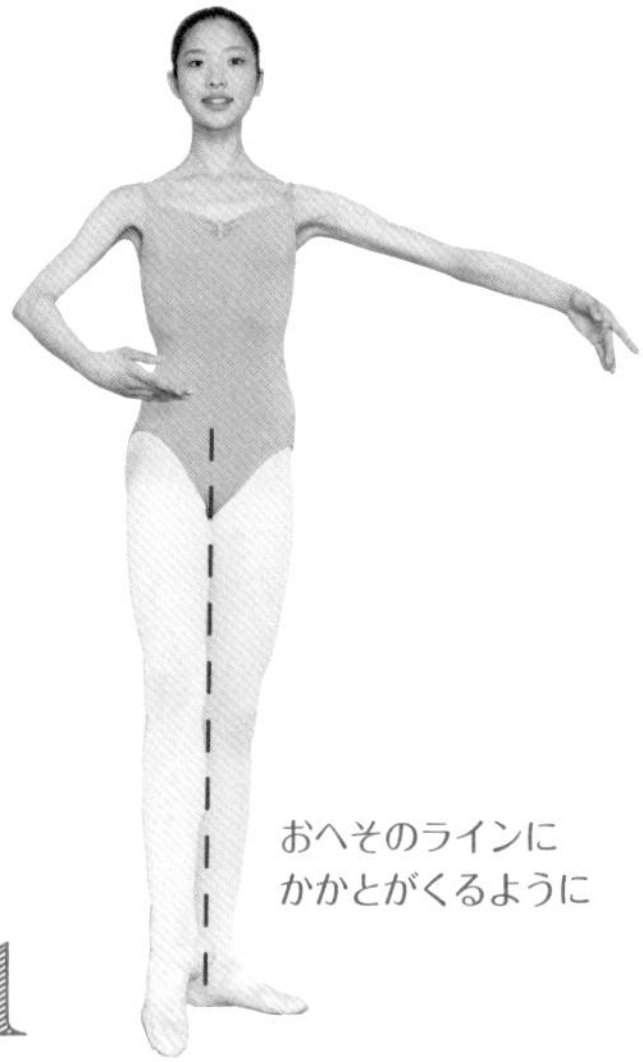

1

1の方向を向いて右足前の第5ポジションで立ち、右足を前に出す。右腕はアン・ナヴァン、左腕はア・ラ・スゴンドに。

2

2の方向に向きながら左脚をドゥミ・プリエにし、右脚をつま先で弧を描くように**3**の方向に出す。右腕はア・ラ・スゴンドに。

ココから2回転目！

進んでいく
3の方向へ手と脚が
出ていることを
たしかめて！

5

2の方向まで回ったら左脚を下ろしてプリエをし、右脚を**3**の方向へ出す。右腕はア・ラ・スゴンドに。

ピケ！

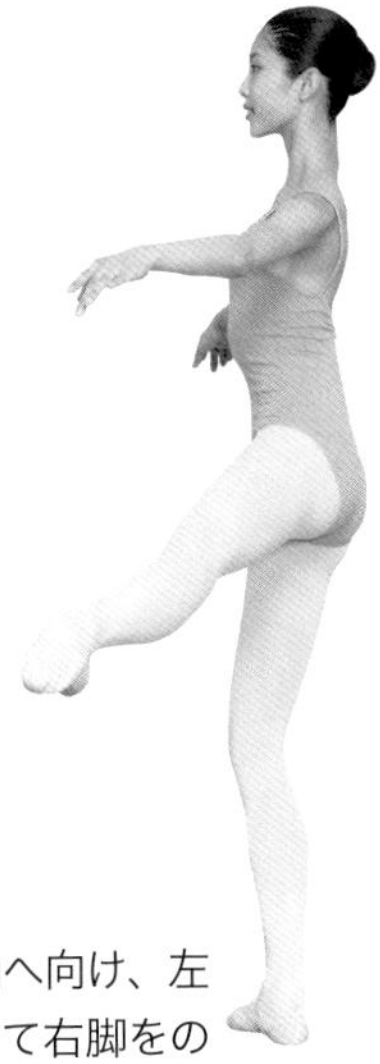

上体の
スクエアを
キープ

3

体を**3**の方向へ向け、左足で床をけって右脚をのばした先に下ろしてドゥミ・プリエにすると同時に、左脚を横にのばす。

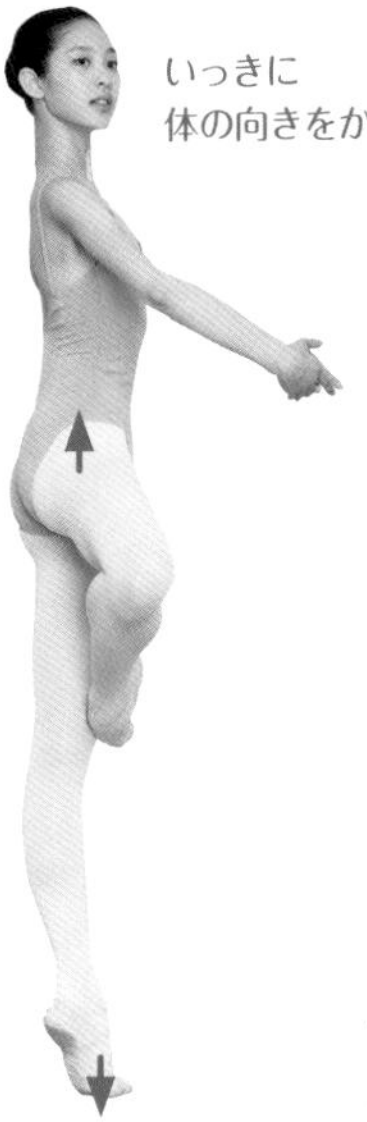

いっきに
体の向きをかえる

横に出した脚を
自分のほうに
しっかり引き寄せて
立つ！

4

左脚を右脚の前に引き寄せて第４ポジション（または第5ポジション）のドゥミ・ポアントで立ち、体を**7**の方向に向けて右脚を前のルティレにし、右に回転していく。腕はアン・ナヴァンに。

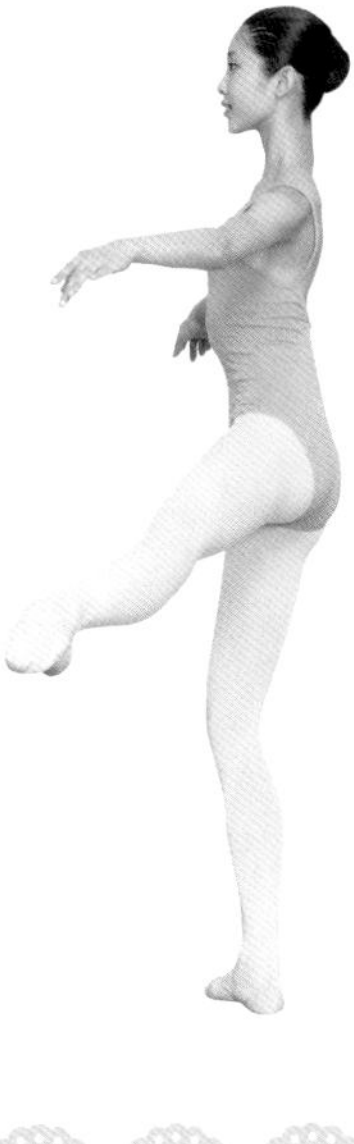

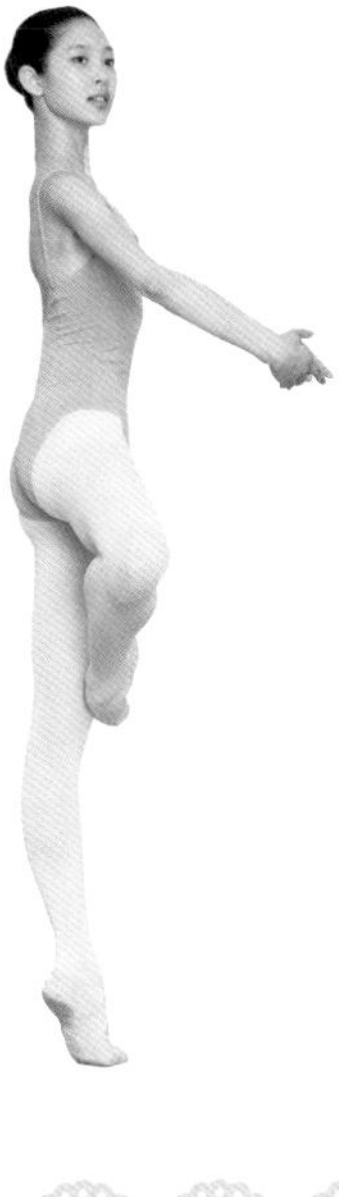

横に出した脚を
しっかり
引き寄せる

6

3～**5**をくり返す。

STEP UP コラム

ダブルを回るコツ

まずはよいお手本をたくさん見て、きれいに2回転を回るイメージを頭に描けるようにしましょう。実際に2回転を回るには、とにかくスピードが必要。顔をいつまでも残していると、ブレーキがかかって回転がおそくなってしまいます。

1回転のときよりもさらにすばやく顔をつけるように意識しましょう。腕のいきおいも大切です。腕をア・ラ・スゴンドに開くときは背中もいっしょにグーっと強く開き、そこからアン・ナヴァンに集める力で回転を加速させましょう。

トウ・シューズで回るコツ

トウ・シューズで回るには、まず上体を引き上げ、つま先、足首、膝をのばして正しく立てることが大前提。その上で、ピケでまっすぐ立てなければなりません。トウ・シューズでピケをするときは、プラット・フォームの甲側《こうがわ》のフチで立つイメージをもつと、体重を軸脚に乗せきることができます。そのイメージでポイント1のピケのエクササイズをトウ・シューズでくり返してください。トウ・シューズでピケが正しくできるようになれば、床との摩擦がすくないぶん、バレエシューズのときより回転しやすくなりますよ。

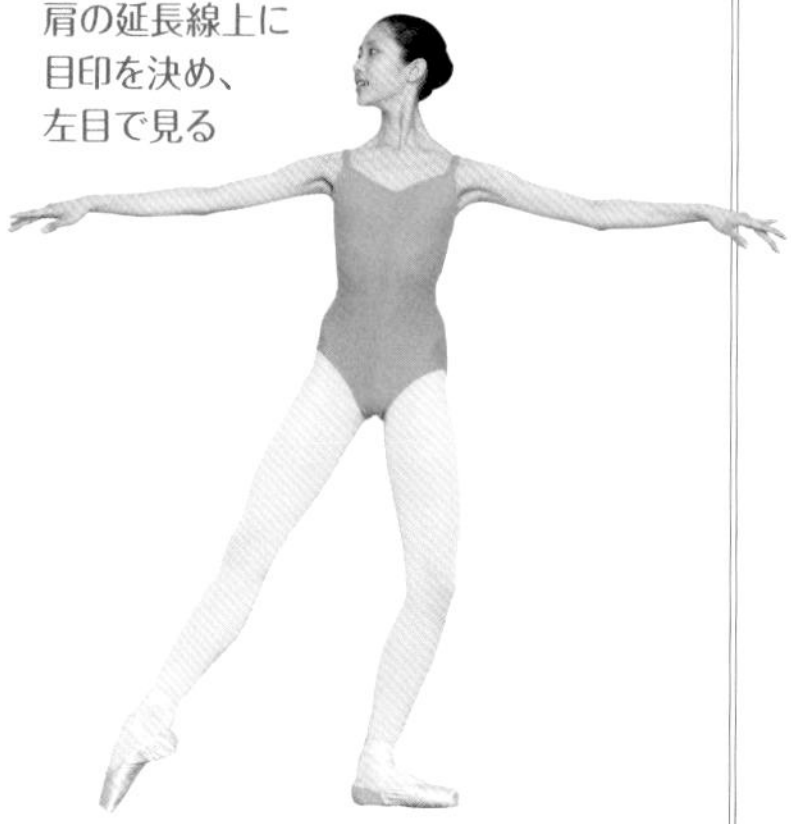

Challenge!

マネージュにチャレンジ！

舞台に大きな円を描くように進むマネージュに、ピケ・アン・ドゥダンで挑戦してみましょう。進む方向がたえず変わるため、進行方向を見失ったり、円がゆがんだりしてしまいがち。きれいな円を描いて回るコツをご紹介します。

コツ1 大体の目印を決めておく

一直線に進むときとちがって、毎回進む方向が変わるため、目線の向きも変える必要があります。たとえば「まず入口、ピアノ、更衣室《こういしつ》のドア、カレンダーのあたりを見よう」というように、どのあたりにきたら何を見るのか、あらかじめだいたいの目印を決めておきましょう。

〈例〉

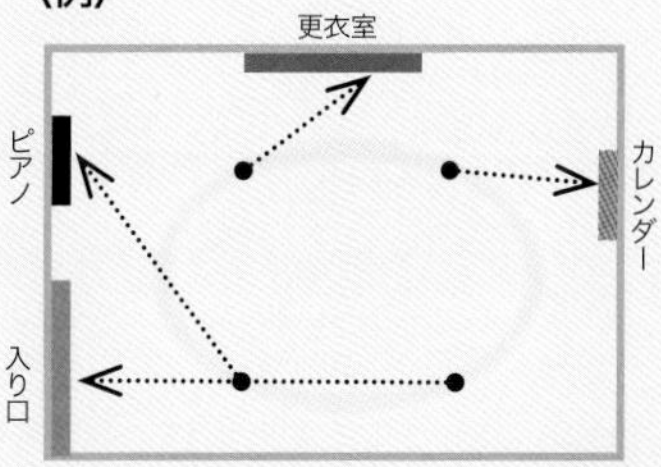

コツ2 背中で円を感じる

きれいな円を描くには、背中で円を感じることが大切。プレパレーションで脚を出すときは、マネージュの円が大きな円柱《えんちゅう》だと思って、そこに背中をぴったりくっつけているとイメージしましょう。しぜんに足を進むべき方向に出すことができます。

C
Dの方向を見る！
D
ピケ！
ここからSTART!
Aの方向を見る！
背中にマネージュの円を感じながら脚を出す

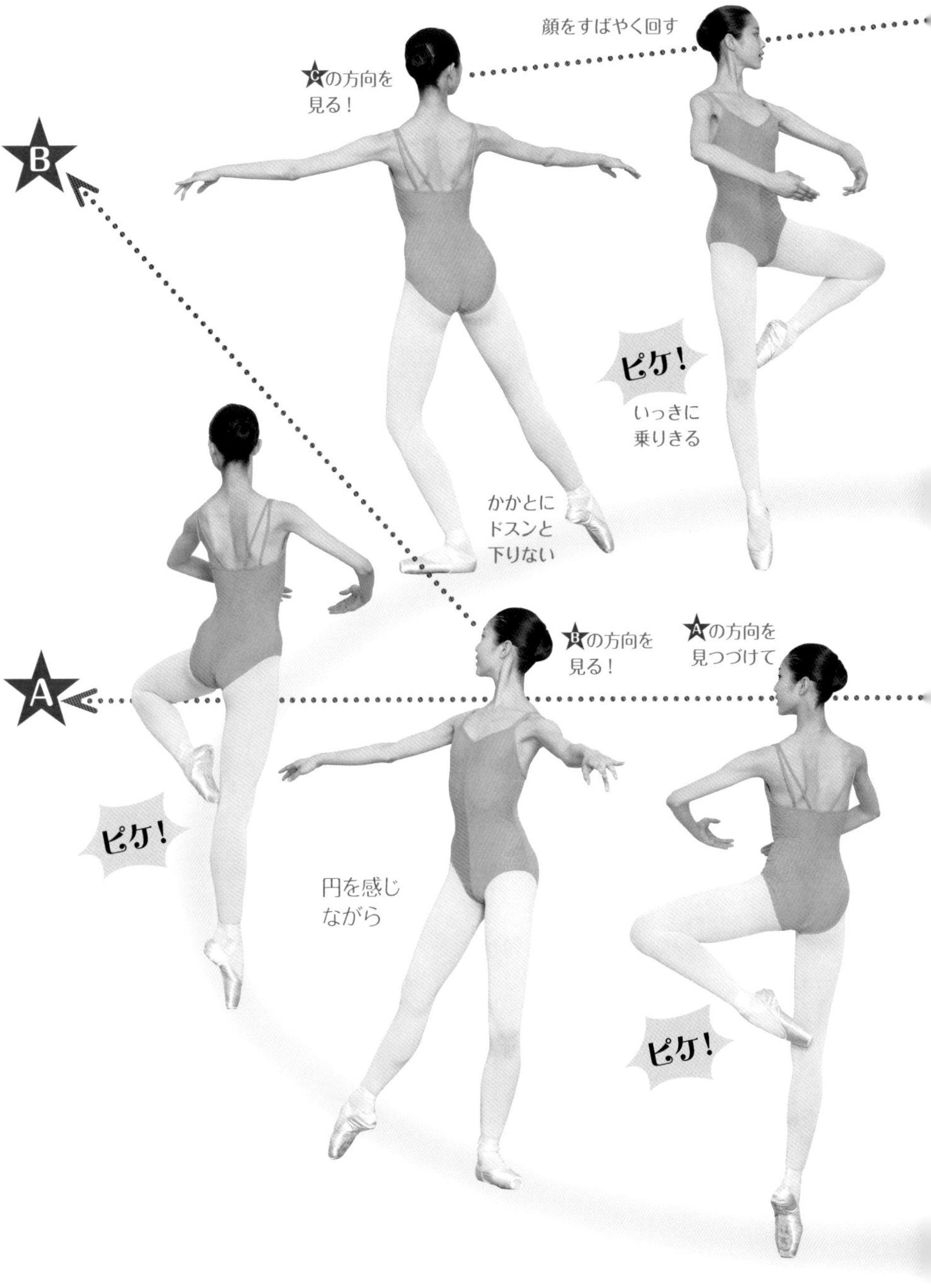
B
A
顔をすばやく回す
Cの方向を
見る！
ピケ！
いっきに
乗りきる
かかとに
ドスンと
下りない
Bの方向を
見る！
Aの方向を
見つづけて
ピケ！
円を感じ
ながら
ピケ！

ピケ・トゥール　3つのポイント

POINT 1
ピケでまっすぐ立つ

POINT 2
顔をすばやくつける

POINT 3
上体のスクエアをまっすぐにキープする

シェネ

シェネはフランス語で「鎖《くさり》」という意味。床の上に「鎖」を描《えが》いていくように左右の脚を交互《こうご》に軸《じく》にして半回転ずつ回りながら移動するパです。
シンプルだけど、じつはきれいに回るのがとてもむずかしいパのひとつ。
ヴァリエーションの終盤《しゅうばん》に組みこまれることも多く、
シェネのできばえが踊り全体の印象を左右することも。
体の軸がまっすぐで、両脚にはすきまがなく、顔がしっかりついていて、
同じリズムをきざみながらまっすぐに進む——
そんな美しいシェネのポイントをご紹介します。

シェネの回り方をCHECK!

POINT 1 正しい姿勢でプレパレーションする

1

正面を向いて右脚前の第5ポジションで立ち、右脚を前に出す。右腕はアン・ナヴァン、左腕はア・ラ・スゴンドに。

2

左脚をドゥミ・プリエ、右脚をつま先で弧《こ》を描《えが》くように横に出し、左足で床をけって……

POINT 4 両わきを立て、骨盤で回る

POINT 3 指先はおへその前に置く

POINT 5 顔をしっかり残してすばやくふり返る

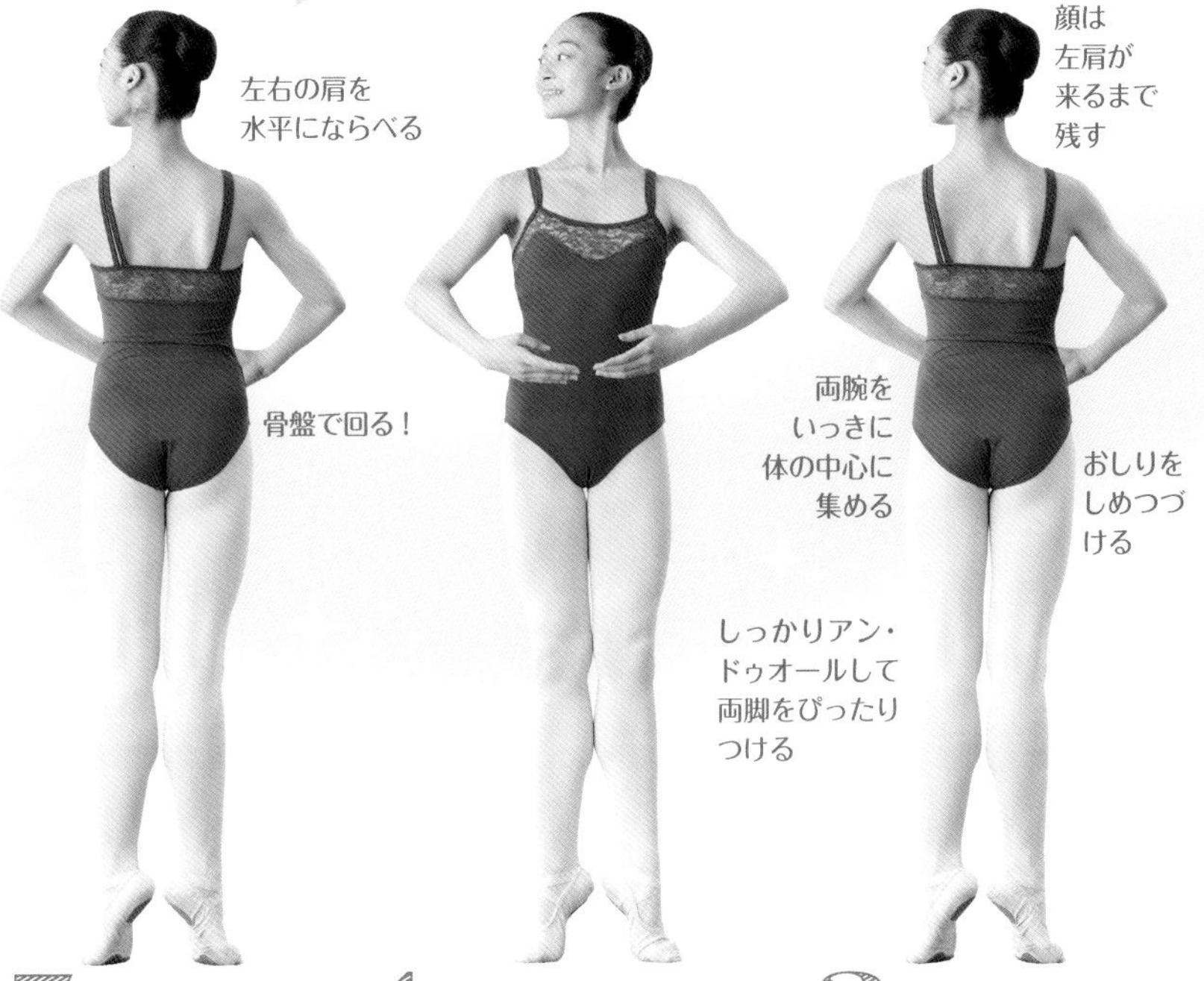

5

つづけて、右脚を軸にして右回りに回転する。

4

左肩があごの位置に来たらふり返り、あごが右肩の上に来るようにして、左脚を軸にしてさらに半回転。

3

右足のドゥミ・ポアントで立ち、左脚を右脚の横に引き寄せて第1ポジションのドゥミ・ポアントにし、右脚を軸にして右回りに半回転。

POINT 2 同じリズムで足を動かす

ここで紹介している回り方は一例です。メソッドによって回り方が異なる場合があります

POINT 1

正しい姿勢《しせい》でプレパレーションする

まっすぐな軸をキープしたままスムーズに体重移動して回るには、正しい上体の引き上げとアン・ドゥオールが欠かせません。**動き出してから行うのはむずかしいので、プレパレーションのときに正しい姿勢をつくっておきましょう。上体を引き上げるときは、丹田《たんでん》（おへその下あたり）を頭のほうにぐっと引きこみます。首の後ろと背中をまっすぐに立てることも重要です。**

アン・ドゥオールは、プレパレーションのときは正しくできていても、ドゥミ・ポアントで立った瞬間、内脚になってしまいがちです。すると回るうちに脚がどんどんバラバラになり、回転のさまたげに。**プレパレーションのときにおしりがきゅっとしまるまで、脚のつけ根から外に回しておくとゆるみにくくなります。**

つぎのページで、正しいプレパレーションの姿勢を確認しましょう。

プレパレーションをチェック

上体の引き上げとアン・ドゥオールを確認しましょう。
アン・ドゥオールはおしりがきゅっとしまるところまで回すと
ゆるみにくくなります。

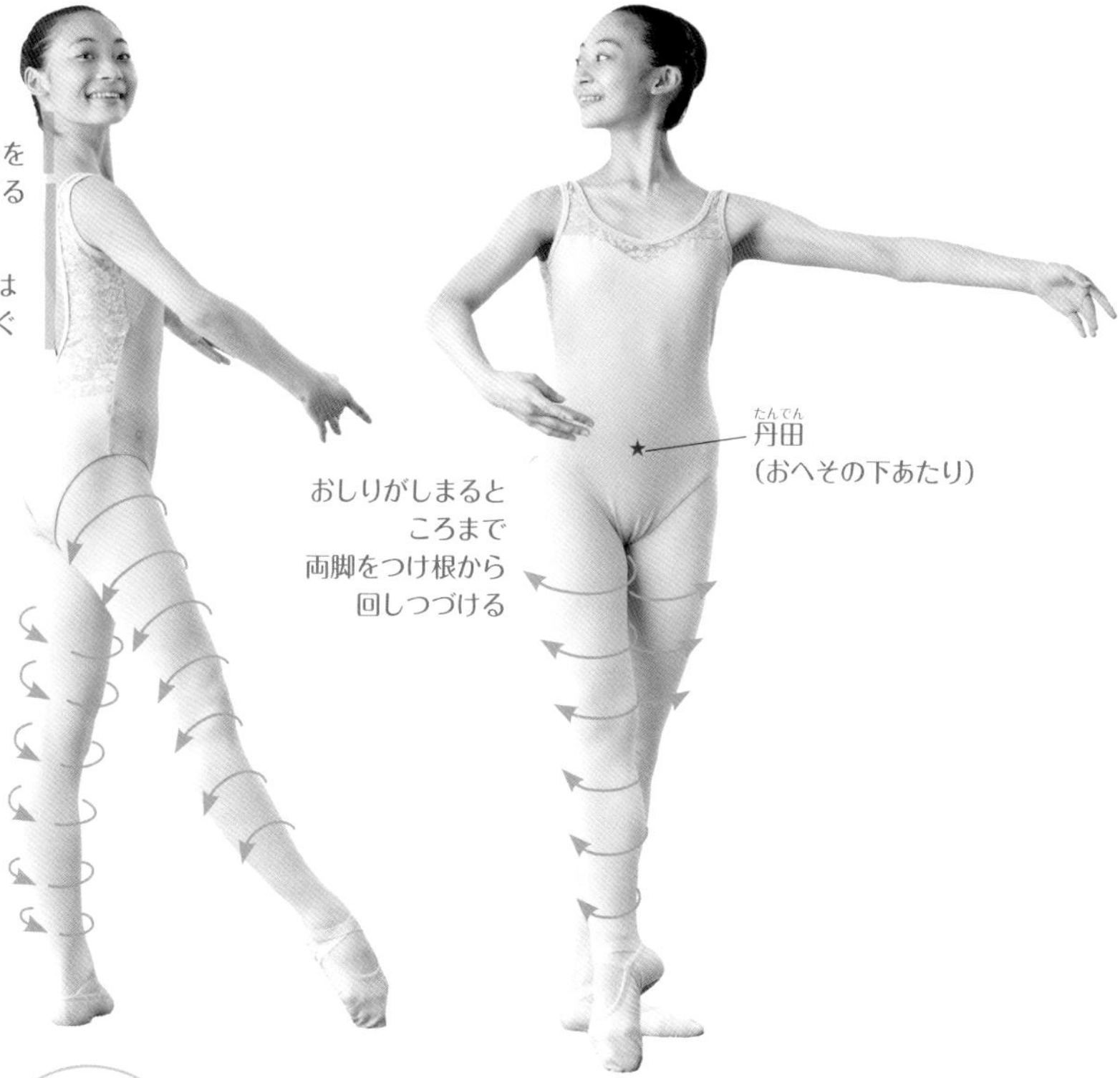

軸をまっすぐにたもったり、スムーズに体重移動したりするには、上体の引き上げが必要です。回転しながら進んでも上体がゆるまないように、丹田を意識し、背中と首をまっすぐにして引き上げましょう。

POINT 2

同じリズムで足を動かす

回転するときにおしりがぬけ、アン・ドゥオールがゆるんで両脚にすきまができると、体重を両足に均等《きんとう》に乗せられず、バランスが不安定に。すると同じリズムで進むことができなくなります。

大切なのは、しっかりおしりをしめてアン・ドゥオールした上で両脚をぴったりとつけ、これをキープすること。そして体重を両足に均等に乗せ、同じリズムで進むことです。慣《な》れないうちはバーにつかまって半回転しながら練習するのがおすすめです。「うら、表、うら、表……」と口ずさみながら回ってリズムを頭と体にきざみこみましょう。

NG

脚にすきまがあると
体重を均等に乗せにくい

おしりは
けっして
ゆるめない
両脚を
つけ根からアン・
ドゥオール
する
両脚を
ぴったりと
つける
同じリズムで
足を動かす
両足に
均等に体重を
乗せる

バーを使って同じリズムで足を動かす

バーにつかまって半回転しながら同じリズムで足を動かす練習をしましょう。「うら、表」と口ずさみながら回ってリズムを頭と体にきざみこんで。

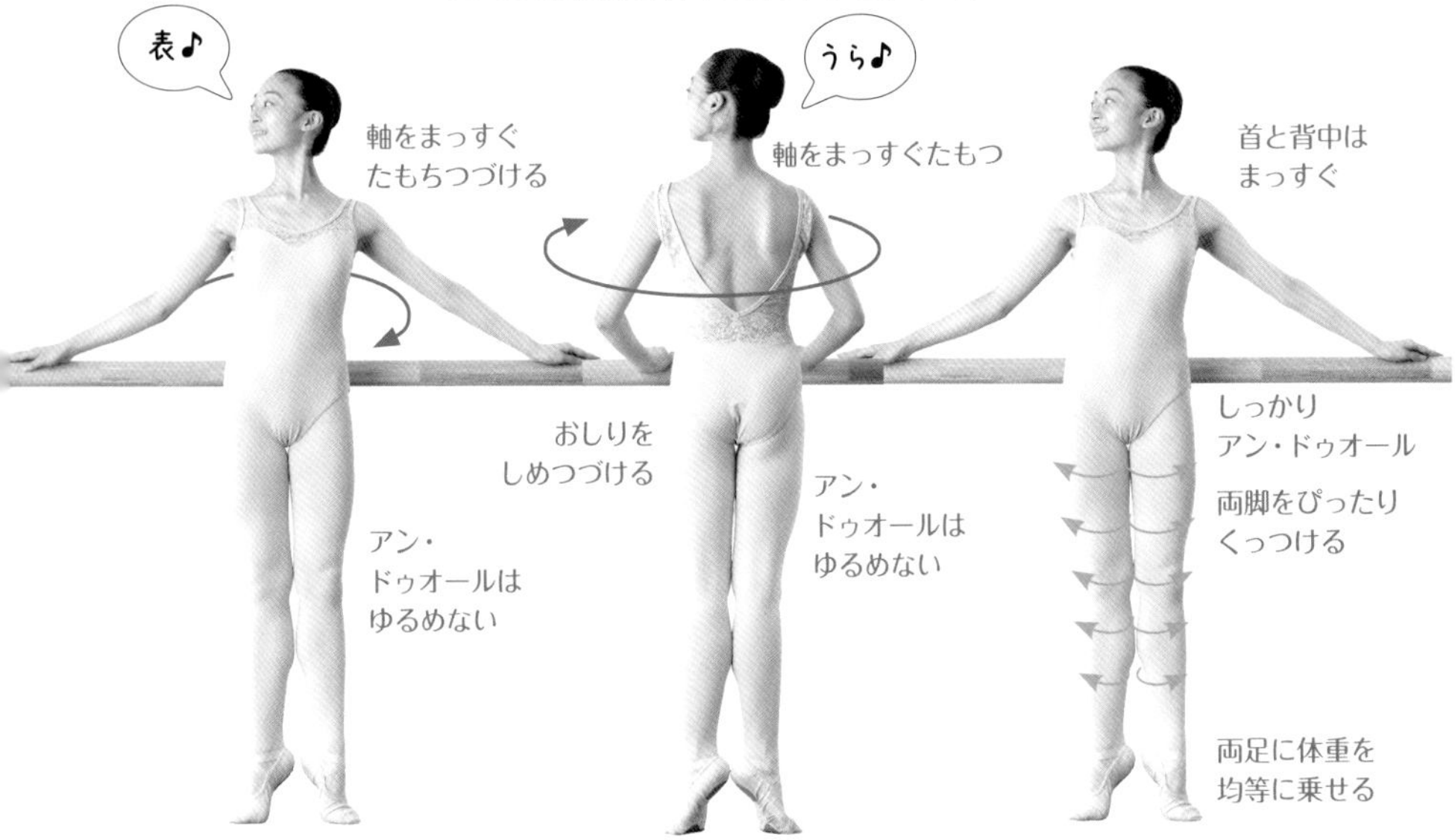

1

両手でバーをもち、両脚をドゥミ・ポアントにして用意。

2

右足に体重を乗せ、右脚を軸にして右方向へ半回転する。そこから左足に体重を乗せて……

3

左脚を軸にして半回転し、正面にもどる。**2**、**3**を3回くり返す。

アン・ドゥオールがゆるんで脚にすきまができている。

3
POINT

指先はおへその前に置く

回転中にアン・ナヴァンの腕が体の中心からずれていると、遠心力で体と腕がバラバラに。その結果バランスがくずれてまっすぐ進めなくなります。**正しいポジションに入れるポイントは、両手の指先をおへその前に置くこと。**つぎのページのレッスンで、回転しながら指先をいっきに体の中心に集めて、正しくアン・ナヴァンにする感覚をつかみましょう。

回転しながら指先をいっきに体の中心に集める

両手の指先はおへその前！

NG

腕がずれていると、回転しつづけるうちにまっすぐ進めなくなる

指先をおへその前に置く

ア・テールで回転しながら指先をいっきに体の中心に集めて、
正しくアン・ナヴァンにする感覚をつかみましょう。

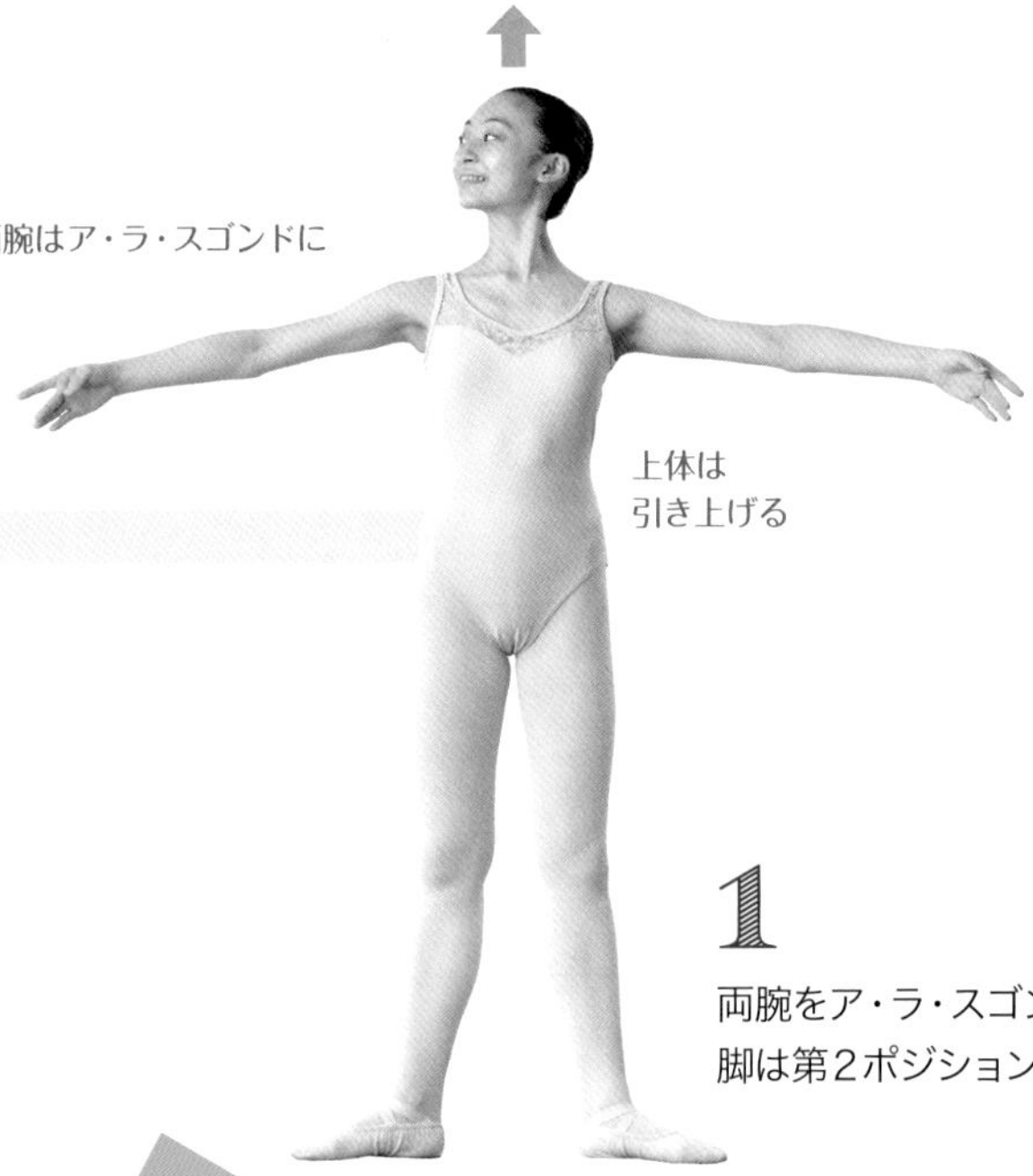

1

両腕をア・ラ・スゴンド、
脚は第2ポジションで用意。

横から見ると…

NG

上体がくずれていると、正しいポジションにすばやく入れないため、トレーニングにならないので注意！

正面から見ると…

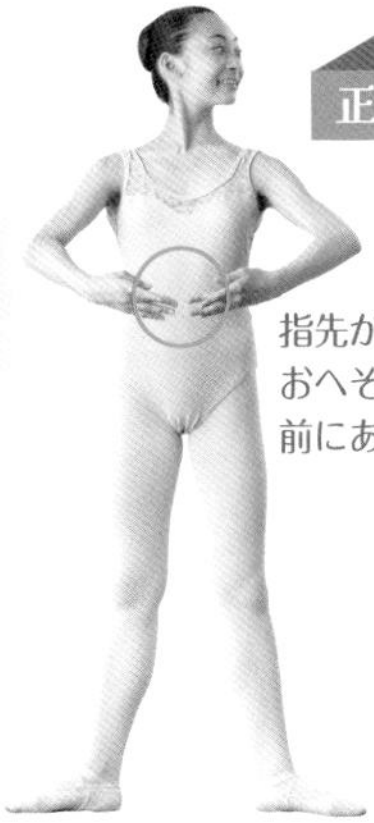

**両腕をいっきに
体の中心に集めて
両手の指先を
おへその前に！**

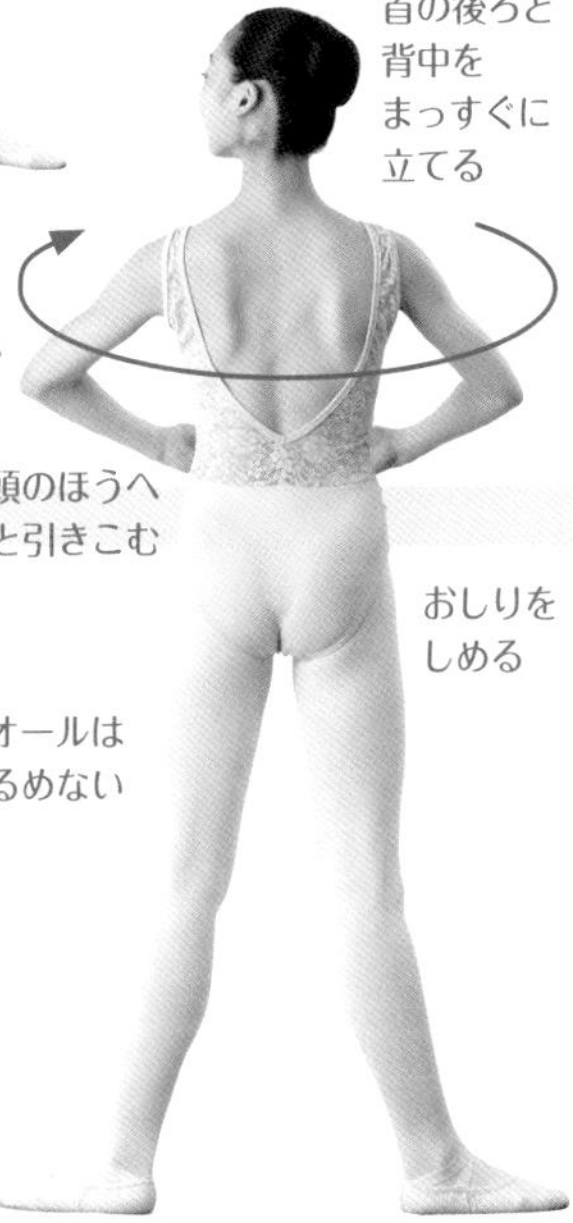

2 両腕をいっきにアン・ナヴァンに集めながら右脚を軸にしてア・テールのまま右回りに半回転。

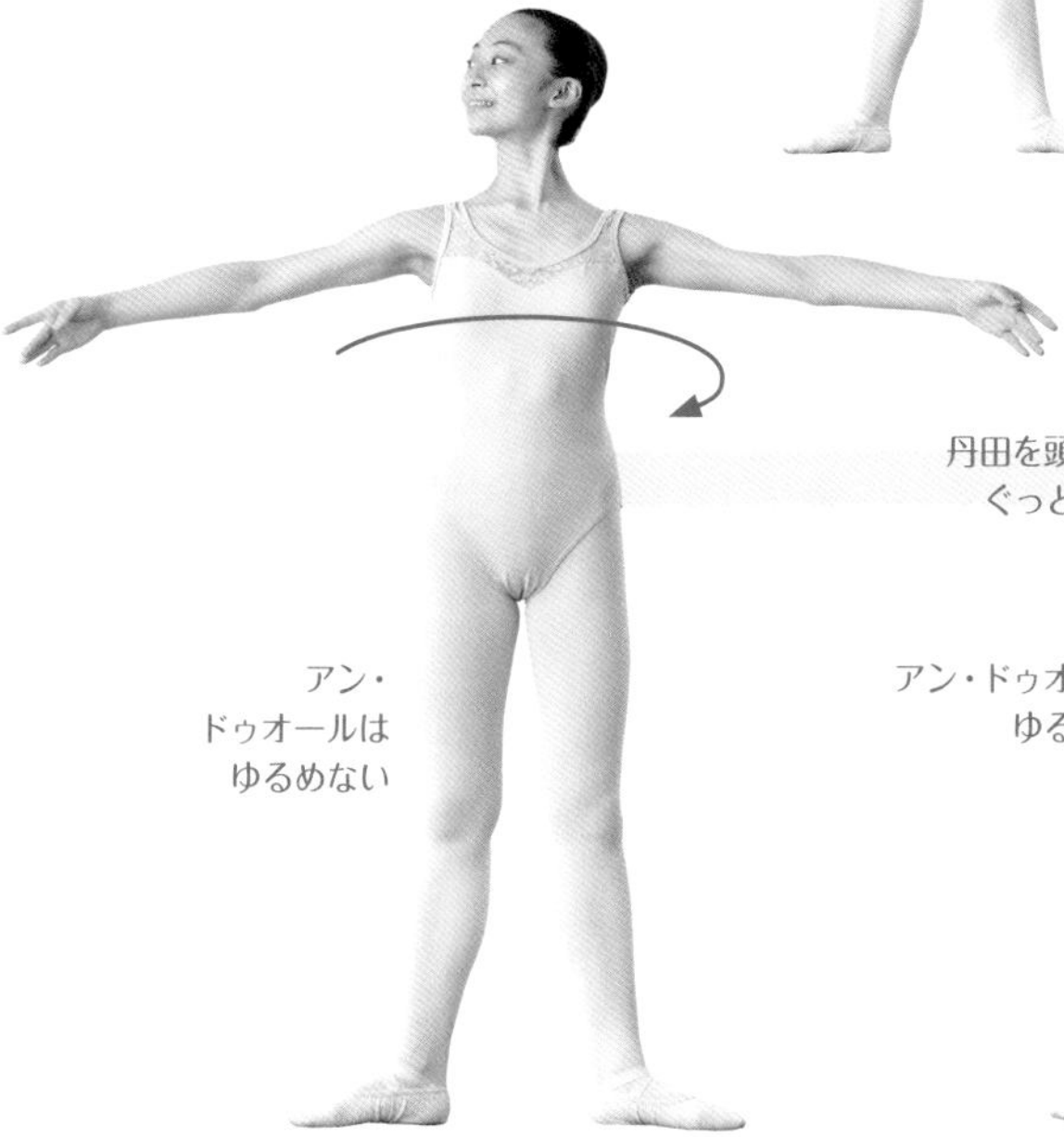

3 両腕をア・ラ・スゴンドにしながら、左脚を軸にしてさらに半回転して正面にもどる。
2、**3**を3回くり返す。

横から見ると…

4
POINT

両わきを立て、骨盤《こつばん》で回る

上半身は下半身にくらべて重いため、脚だけで回ろうとすると回転についていけず、上下の動きがちぐはぐになってしまいます。

全身の動きをまとめるコツは、「骨盤で回る」とイメージすること。まず左右の肩を水平にならべ、両わきを立てて上半身を安定させましょう。こうすることで骨盤がまっすぐに立ちます。その上で上半身と下半身をつなぐ「骨盤」で回る意識をもつと、全身同じタイミングで回ることができます。

両わきがゆるむと骨盤が傾いて、上半身と下半身の動きにまとまりがなくなる

両わきを立てて骨盤で回る

両わきを立てて骨盤で回る感覚を身につけるために、
両手を腰骨に置いて回ってみましょう。

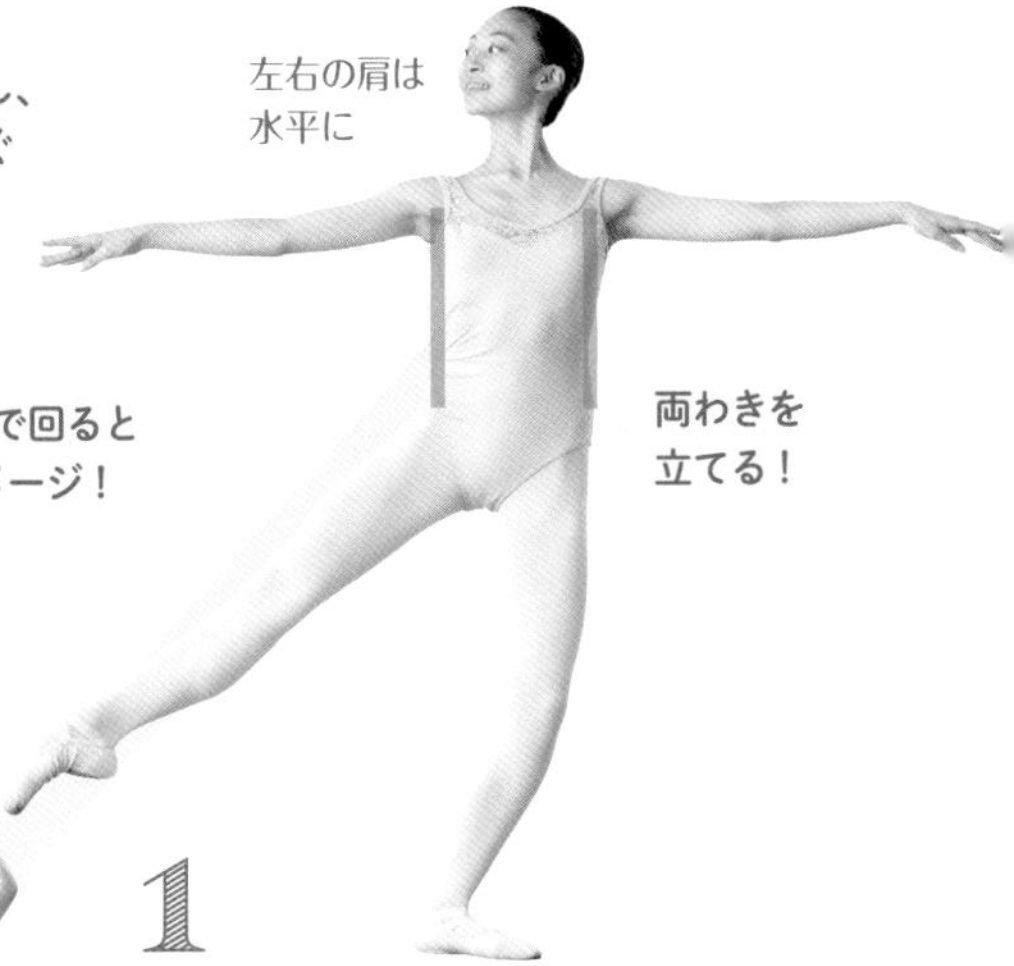

1

正面を向いて右足前の第5ポジションで立ち、右脚を前に出す。左脚をドゥミ・プリエ、右脚をつま先で弧を描くように横に出し……

2

両手を腰に置きながら、左足で床をけって右足のドゥミ・ポアントに立ち、左脚を右足の横に引き寄せて第1ポジションのドゥミ・ポアントにし、右脚を軸にして右回りに半回転。

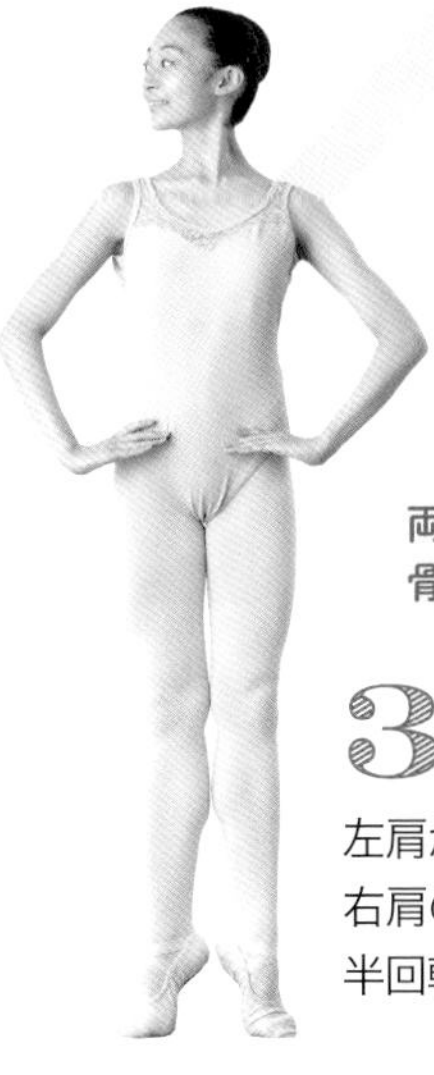

3

左肩があごの位置に来たらふり返り、あごが右肩の上に来るようにして、左脚を軸にして半回転して正面にもどる。

5
POINT

顔をしっかり残して すばやくふり返る

顔の向きがあいまいだと、安定してまっすぐ進むことができません。顔はしっかり進行方向に残しましょう。でも、残しすぎると回転のさまたげになるので注意が必要です。**コツは、左の肩が来るまで顔を進行方向に残し、左肩の上にあごが来た瞬間にすばやくふり返るようにつけること。**まずはつぎのページのレッスンで、顔の向きを明確にするために肩に手を置き、顔をしっかり進行方向に残してすばやくもどす練習をしましょう。

顔を進行方向に
しっかり残し、左肩が
あごの下に来た瞬間
すばやくふり返る

NG

顔の向きが
あいまいだと
安定してまっすぐに
進めない

顔をしっかり残して すばやくふり返る

顔の向きを明確にするために、肩に手を置いて、
ひじの指す方向を目印に回ってみましょう。

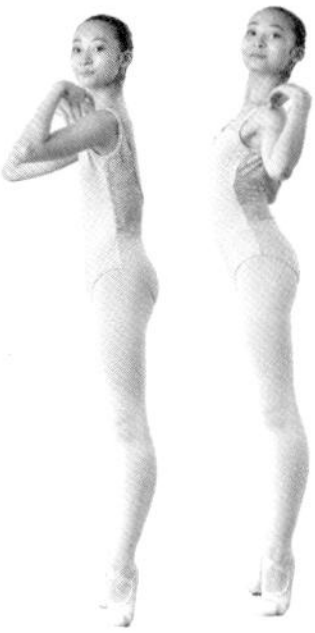

NG

横から見ると…

肩が前や後ろにずれると、顔の向きがあいまいになり、まっすぐ進めない。左右の肩を水平にならべ、両わきを立てて顔は進行方向へ

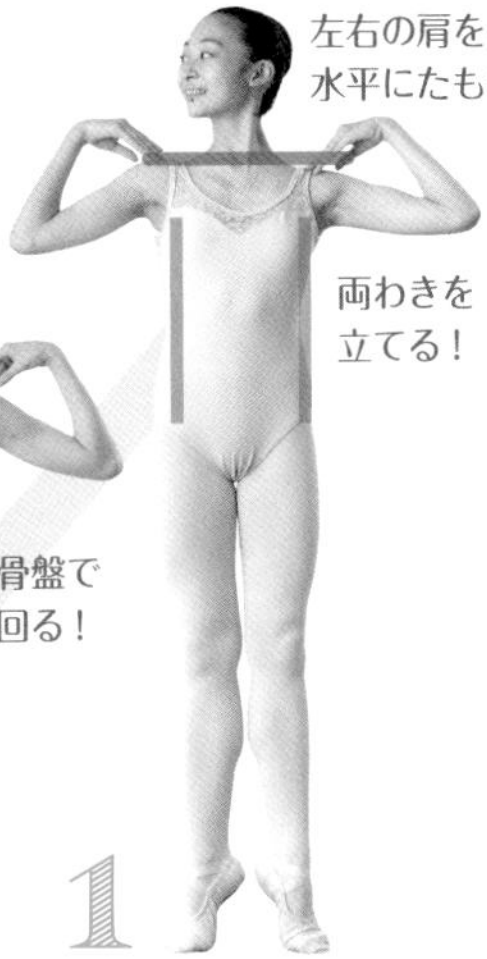

1

両腕を曲げて指先を肩につけて……

2

顔を残したまま、右脚を軸にして右回りに半回転。

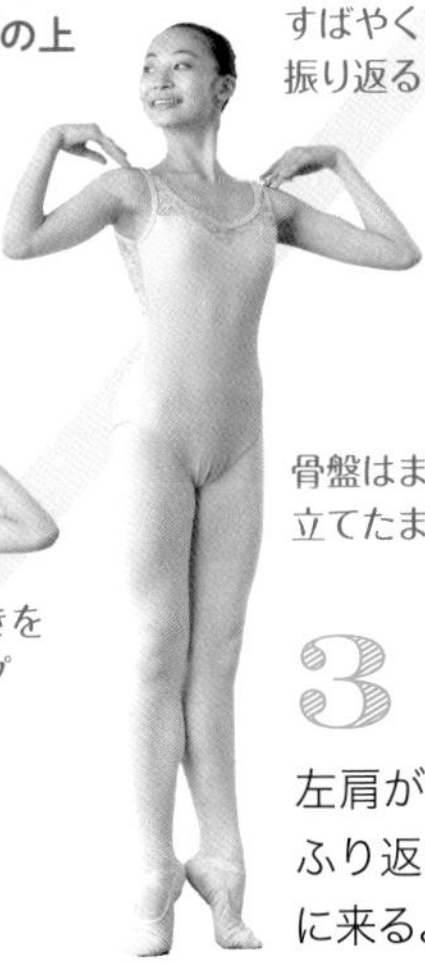

3

左肩があごの位置に来たらふり返り、あごが右肩の上に来るようにして……

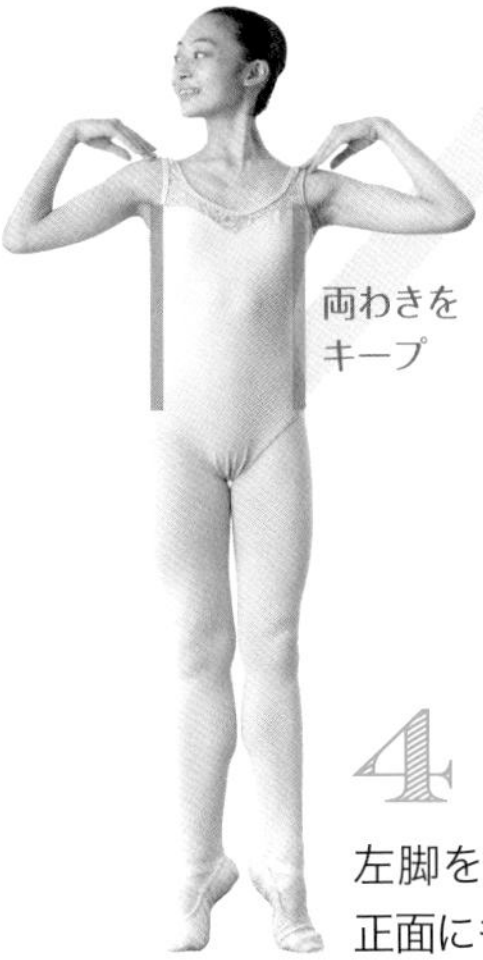

4

左脚を軸にして半回転し、正面にもどる。

美しいシェネのためのエクササイズ

まっすぐな軸をつくるために必要な「腹筋」「背筋」と、
両わきを立たせるための筋力と感覚を養いましょう

腹筋・背筋をきたえるI

腕の力だけでなく、腹筋と背筋を使いながら、腕立てふせをしてみましょう。ボディをまっすぐにたもつのがポイント！

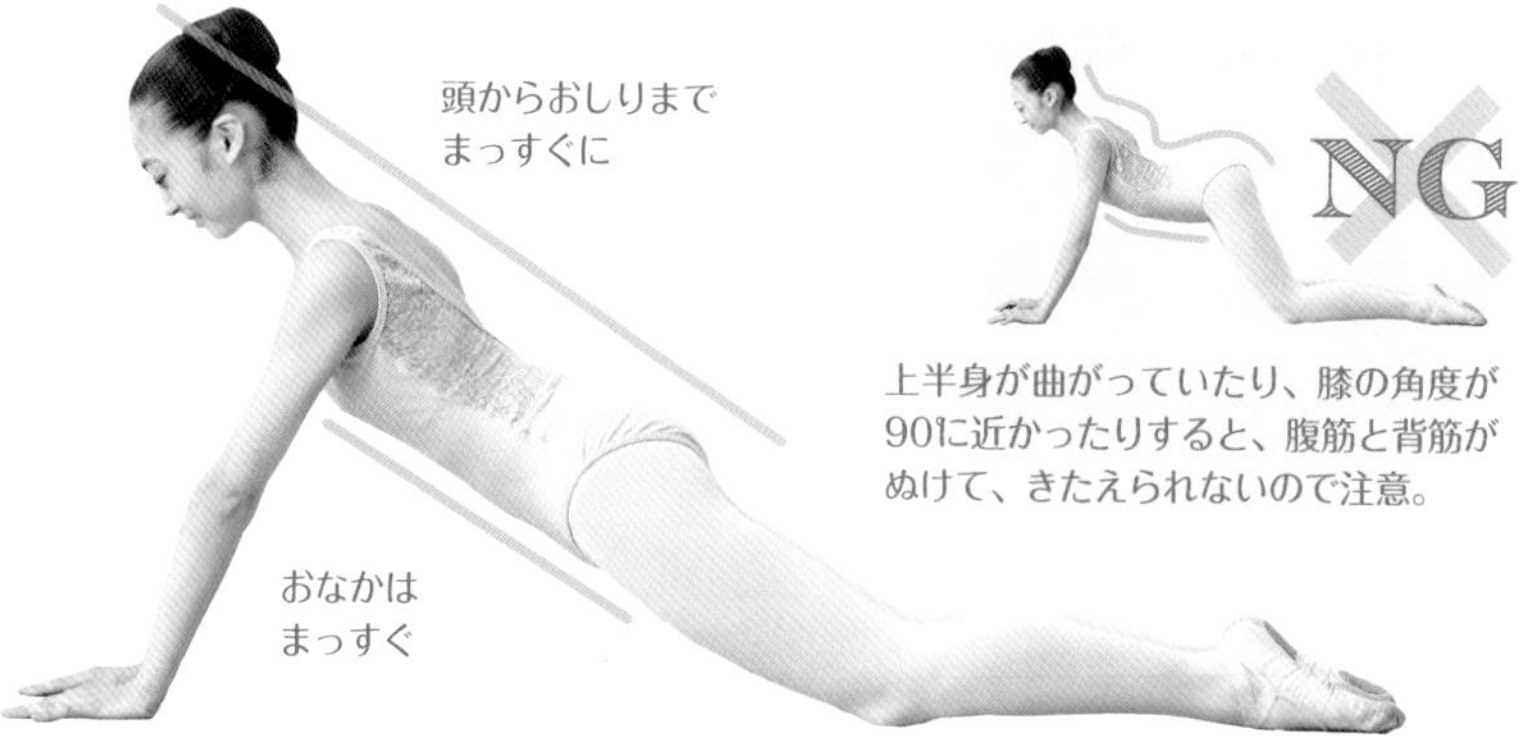

上半身が曲がっていたり、膝の角度が90に近かったりすると、腹筋と背筋がぬけて、きたえられないので注意。

1 両手と両膝を床につく。頭からおしりまでをまっすぐにたもち、できるだけ手と膝をはなす。

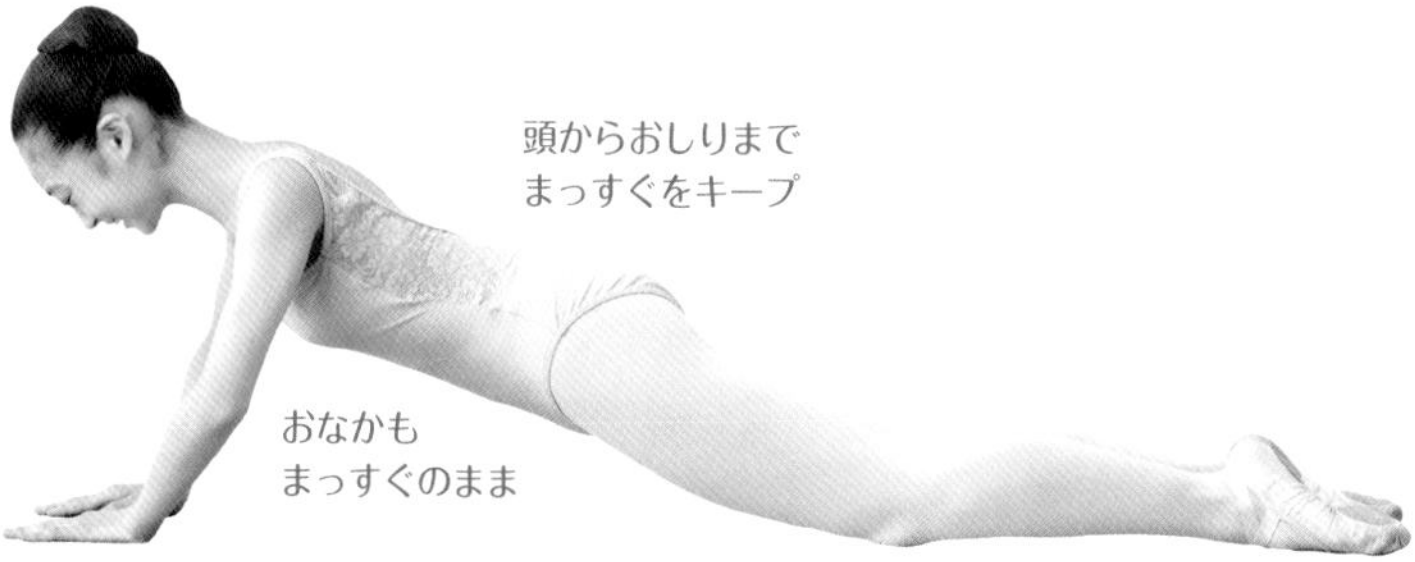

2 ゆっくりひじを曲げていく。
1、**2**を5回行う。

腹筋・背筋をきたえるⅡ

腹筋と背筋の力を使って上体をもち上げる
エクササイズ。腕を上げる勢いで
起き上がらないよう注意★

NG 上体と腕が床についていると、床をおした勢いで起き上がれるため、腹筋と背筋をきたえられない

1 うつぶせになり、胸から上を床からはなす。両腕は床と平行になるようにアン・オー。

2 腕はまっすぐにたもったまま、上体を起こしていく。
1、2を5回行う。
＊起き上がれるところまででOK！

両わきを立てる感覚をつかむ&筋力UP

肩や肩甲骨を下げることで、
わきが引き上がる感覚がわかり、
両わきの筋肉がきたえられます。

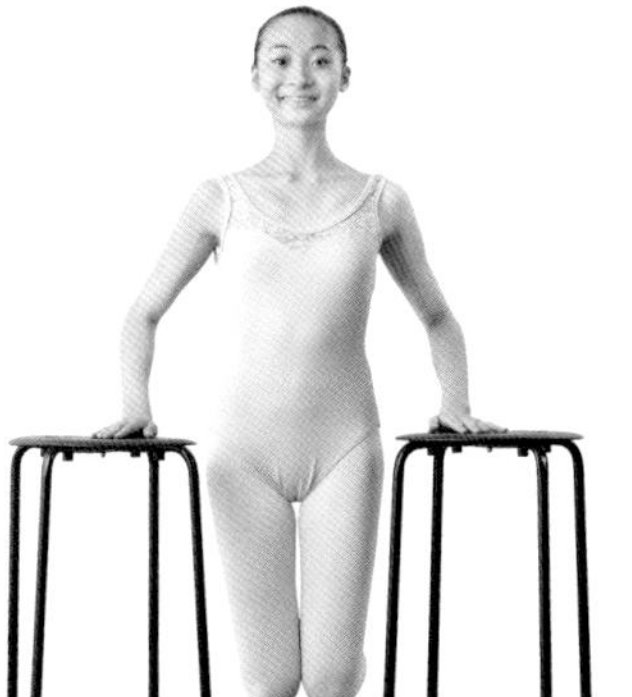

1 両膝を曲げて座り、体の左右のイスに手を置く。

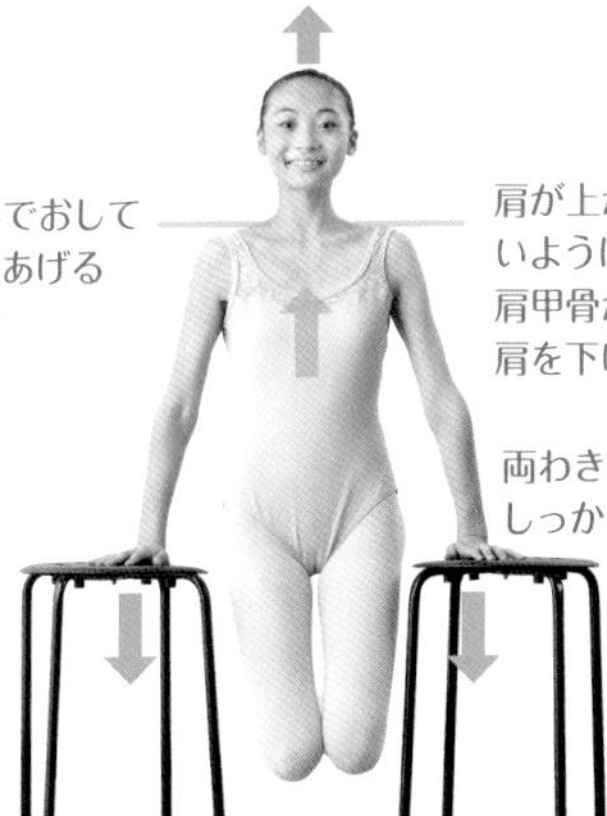

2 イスをおして、上体をもち上げる。

Challenge!

連続回転にチャレンジ！

これまでのポイントを踏まえ、連続回転にチャレンジしましょう。
最初はゆっくり４回連続で回り、慣れてきたら、スピードを上げて
回数を増やしたり、つぎのパへ移動したりして、
少しずつレベルをあげてみてください。

1

正面を向いて右脚前の第5ポジションで立ち、右脚を前に出す。右腕はアン・ナヴァン、左上ではア・ラ・スゴンドに。

**プリエがあまいと
床をしっかりおせないため、
立ったときに
両足に均等に体重を
乗せられない**

2

左脚をドゥミ・プリエ、右脚をつま先で弧を描くように横に出し、左足で床をけって……

ココから2回転目！

横から見ると…

5

右脚を軸にして半回転し、

前に進もうとして右足だけに
体重をかけてしまいがち。右足は床につける
ていどで、左足に体重をかけるように回ると、
左右のバランスが取れます
※左回転は右脚で回るイメージ

3

右足のドゥミ・ポアントで立ち、左脚を右脚の横に引き寄せて第1ポジションのドゥミ・ポアントにし、右脚を軸にして右回りに半回転。

4

左肩があごの位置に来たらふり返り、あごが右肩の上に来るようにして、左脚を軸にさらに半回転。

右向きに進むときは、重心が
左または真ん中にある場合が
ほとんど。そのため、右回転から
つぎのパに移動するときは、回転の
勢いで体が右に行きすぎて体勢が
くずれてしまいがち。シェネの最後で、
より左側に軸を感じる意識を
もつと、回転の勢いを
おさえられます

6

左脚を軸にしてさらに半回転して、

7

右脚前の第4ポジションで、ドゥミ・プリエ(シャッセ)。

※シェネからシャッセへの移動は、ヴァリエーションのなかでもよく出てくる動きです

Challenge! アンシェヌマンにチャレンジ！

単独ではきれいに回れても、前後にパがついたとたん、うまくできなくなってしまう人も多いもの。前のパが終わってシェネに入り、シェネが終わってつぎのパに入る「つなぎ」の部分を踊りのなかで練習してみましょう。

1

正面を向いて右脚前の第5ポジションで立ち、右脚を前に出す。右腕はアン・ナヴァン、左上ではア・ラ・スゴンドに。

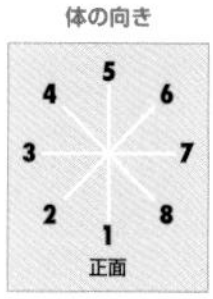

直前のパでアン・ドゥオールや引き上げがあまくなっている可能性も。ここではしっかり「and」の音を取って、正しい姿勢をつくることが大切

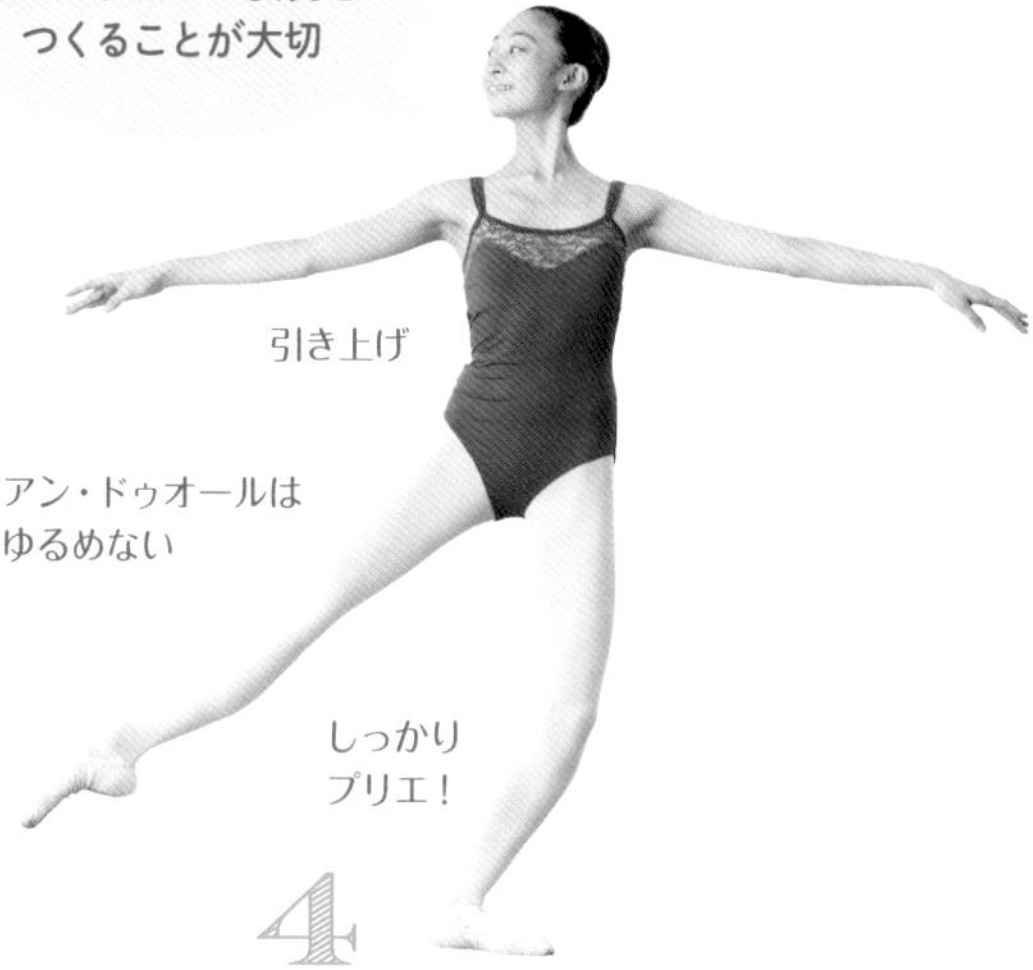

4

左脚をドゥミ・プリエ、右脚をつま先で弧を描くように横に出し、左足で床をけって……　♪and

シェネ × 4

5

右足のドゥミ・ポアントで立ち、左脚を右脚の横に引き寄せて第1ポジションのドゥミ・ポアントにし、右脚を軸にして右回りに半回転。　♪3

ピケ・アン・ドゥダン ×2

2

左脚をドゥミ・プリエ、右脚をつま先で弧を描くように横に出し、左足で床をけって……
♪and

3

右脚のドゥミ・ポアントで立ちながら、左脚を後ろのルティレにして、右方向に半回転。♪1
さらに半回転したあと、左脚を下ろしてドゥミ・プリエにし、
♪and
同じように1回転して……　♪2

ここでも「and」の音を取ってからつぎのパへつなげましょう。左脚はしっかりプリエ、右脚と腕はア・ラ・スゴンドに出すと、スピードとバランスをコントロールできます

トンベ

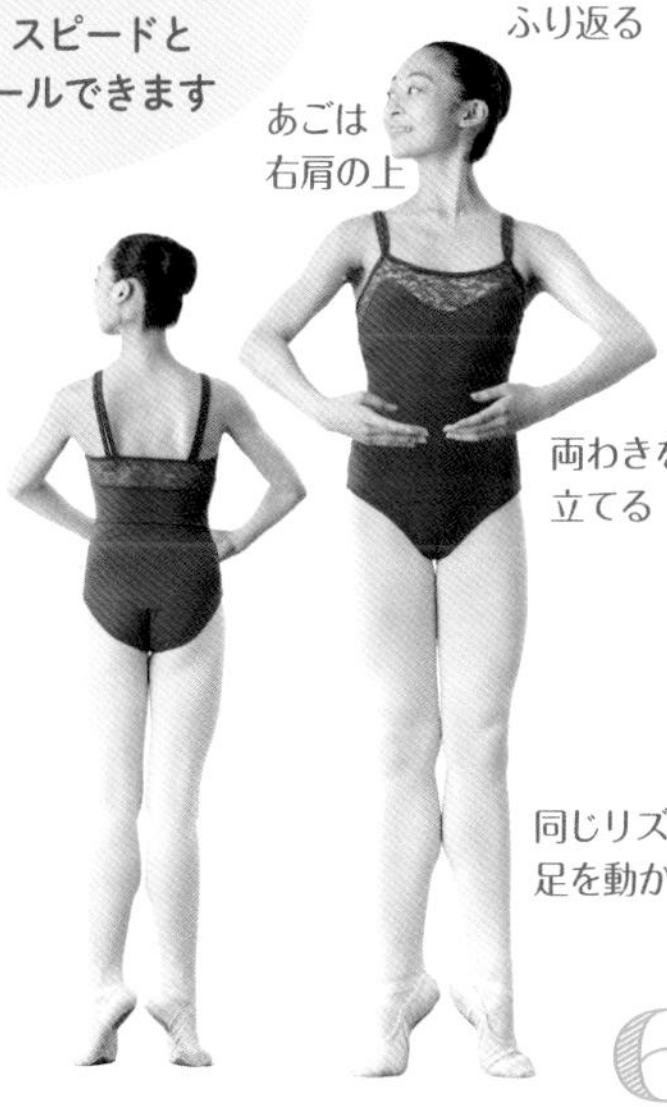

6

左脚を軸にして半回転し、さらに3回まわる。♪and・4
※1カウントで2回まわる

7

前のほうに体重を移動させながら、右脚をドゥミ・プリエ、左脚は後ろにのばす。そこから左脚をロン・ド・ジャンブして**2**の方向に出して……　♪and

ピケ・アン・ドゥオール ×2

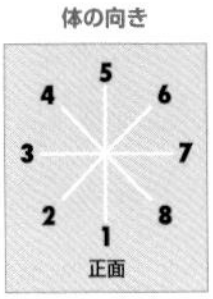

8

ドゥミ・ポアントで立ちながら、右脚を前のルティレにして1回転して7に。♪5・and
さらに1回転し、右脚を前に下ろして第5ポジションでドゥミ・プリエ。♪6

シェネ ×2

9

左脚はドゥミ・プリエのまま、右脚をつま先で弧を描くように横に出し、左足で床をけって…… ♪and

回転から
ルルヴェ - アラベスクをするときは、
バランスをくずしがち。
脚をしっかり第4ポジションにし、
かかとの真上にボディをおくように
すると、まっすぐな軸ができて
バランスが安定します

目が回りやすい人は、
シェネではスピードを落とさずに、
シャッセやプリエでゆっくり
時間をとるようにしてみて

シャッセ

12

右脚を前に出し、第4ポジションでドゥミ・プリエにして…… ♪and

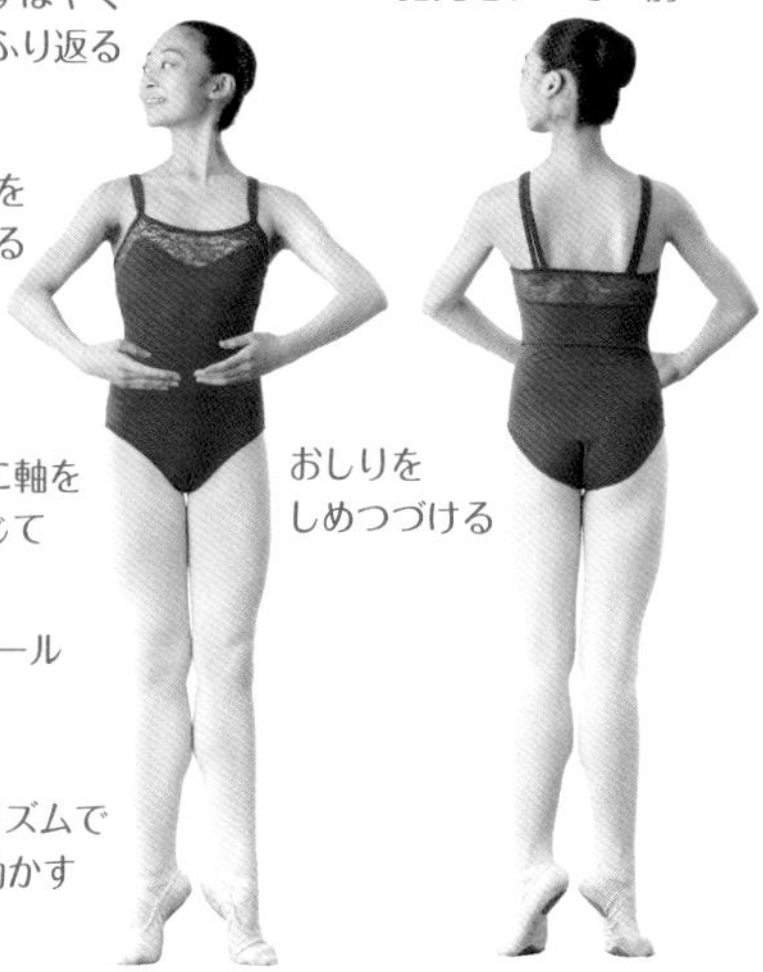

10 **5**、**6**と同じように1回転。♪7

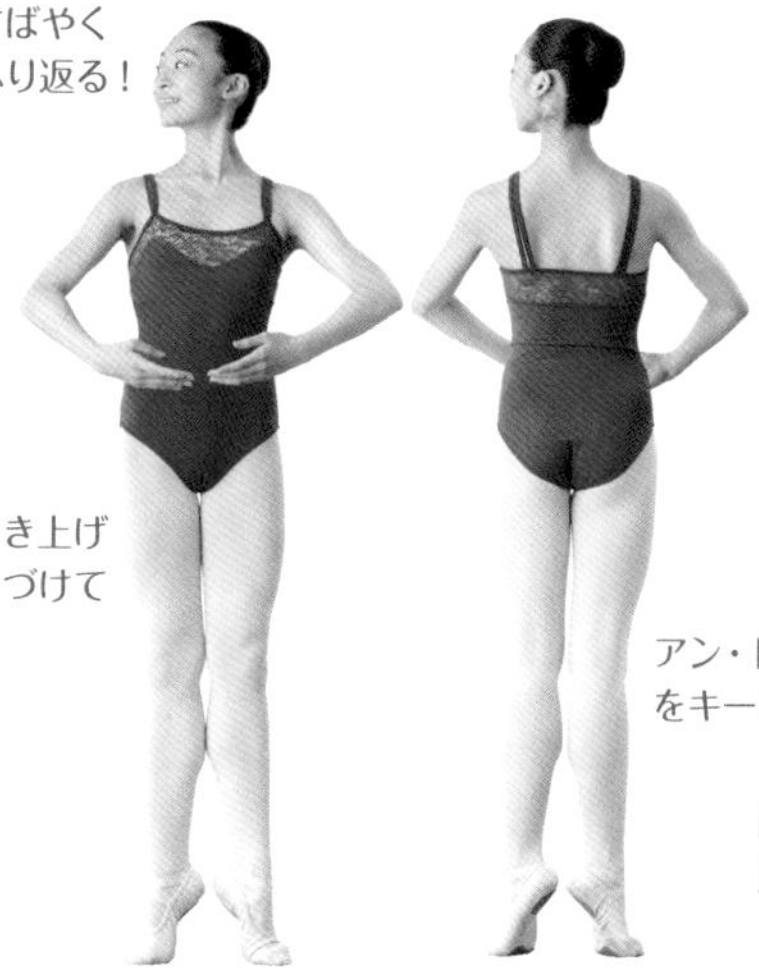

11 さらに1回転して……

アームスを動かし始め、
上体を先につくってから
左脚を上げると、
バランスが取りやすい！

13

腕をアロンジェにしながら、右脚ルルヴェの第1アラベスクにしてポーズ！♪8

Challenge!

トウシューズでチャレンジ！

トウシューズで回るのはむずかしいと思われがち。でも、じつはポアントで正しく立つことができれば、バレエシューズよりも回転しやすくなります。まずは体を引き上げながら脚をのばす感覚をつかむために、バーの助けをかりて立つ練習をしてみましょう。立てるようになったら、回転にもトライしてみてください。

バーで

体を引き上げながら脚をのばす感覚をつかむために、バーの助けをかりて立つ練習をしてみましょう

1

正面を向いて右脚前の第5ポジションで立ち、右脚を前に出す。右腕はアン・ナヴァン、左腕はア・ラ・スゴンドに。

2

左脚をドゥミ・プリエ、右脚をつま先で弧を描くように横に出し、左足で床をけって……

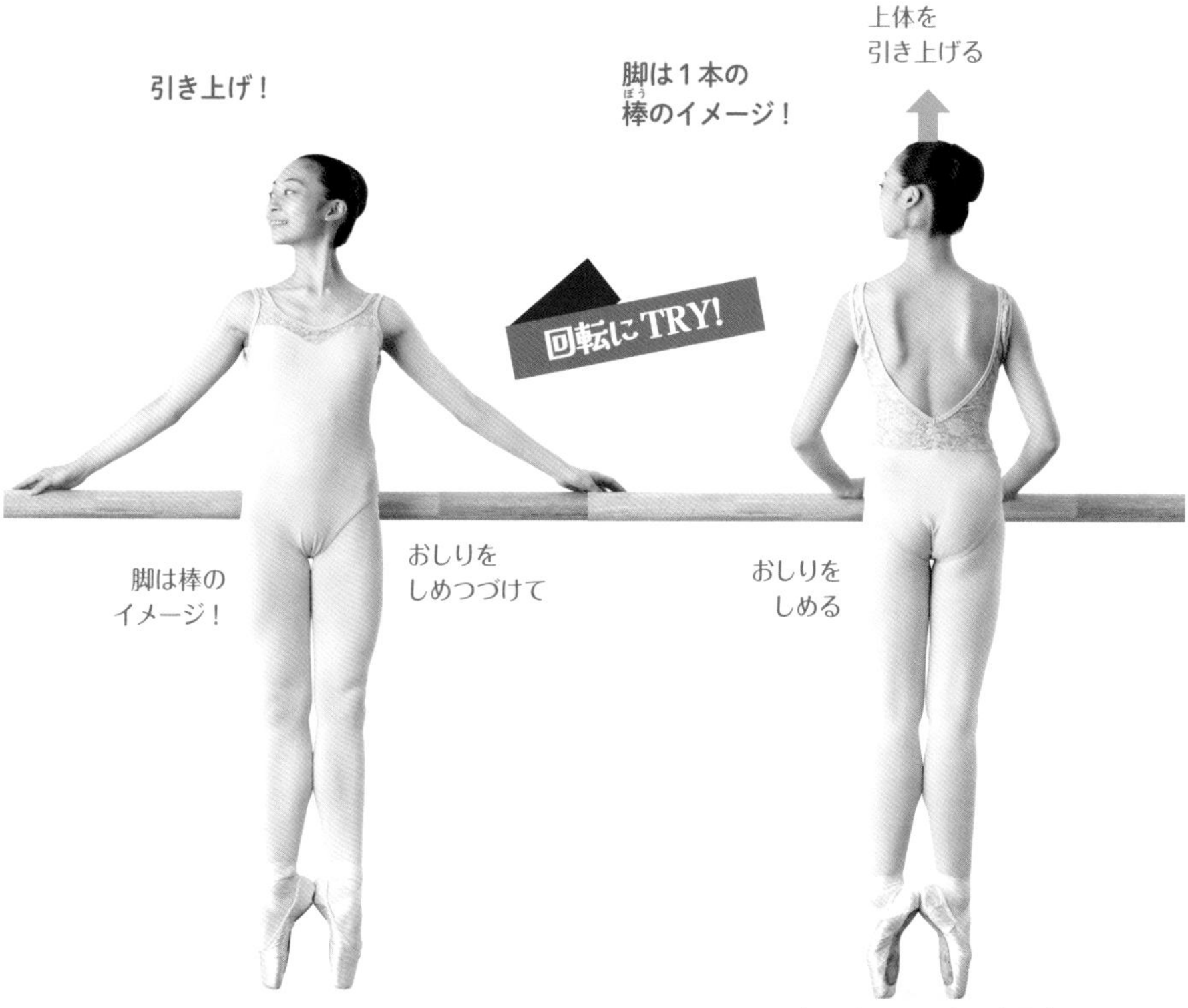

3

プラットフォームの全面を
床につける

右足のドゥミ・ポアントで立ち、左脚を右脚の横に引き寄せて第1ポジションのドゥミ・ポアントにし、右脚を軸に右回りに半回転してバーにつかまる。

4

右手をバーからはなしながら、左脚を軸にして半回転する。

センターで

バーで回転までできるようになったらセンターへ。
体を引き上げ、脚をまっすぐにして
いっきにポアントで立つ練習をしましょう。

上体を
より引き上げる！

左足でしっかり
床をける！

2

左脚をドゥミ・プリエ、右脚をつま先で弧《こ》を描《えが》くように横に出し、左足で床をけって……

上体を
引き上げる

1

正面を向いて右脚前の第5ポジションで立ち、右脚を前に出す。右腕はアン・ナヴァン、左上ではア・ラ・スゴンドに。

しっかり
アン・ドゥオール

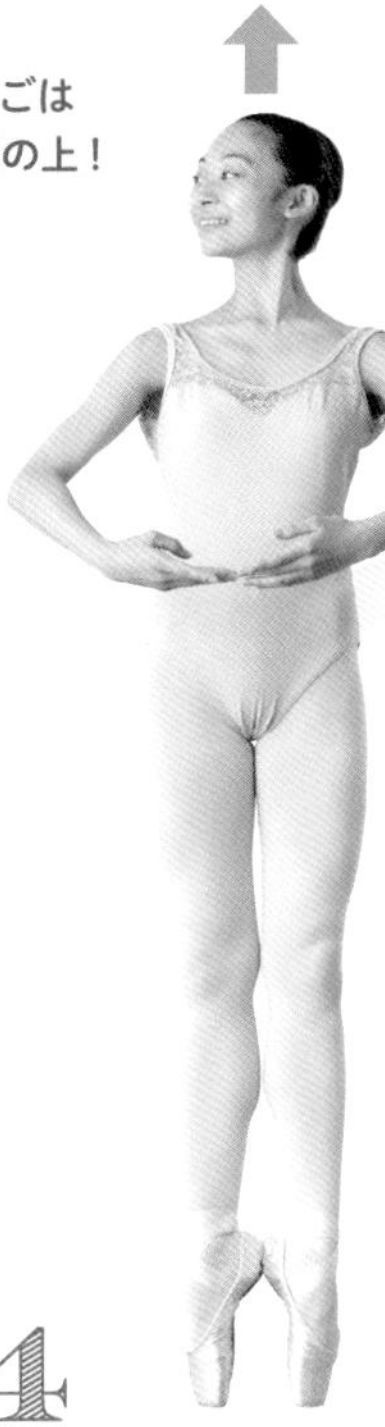

3

右足のドゥミ・ポアントで立ち、左脚を右脚の横に引き寄せて第1ポジションのドゥミ・ポアントにし、右脚を軸にして右回りに半回転。

4

左脚を軸にしてさらに半回転。

プラットフォームの全面が床につくようにして、つま先から頭までを一直線にする

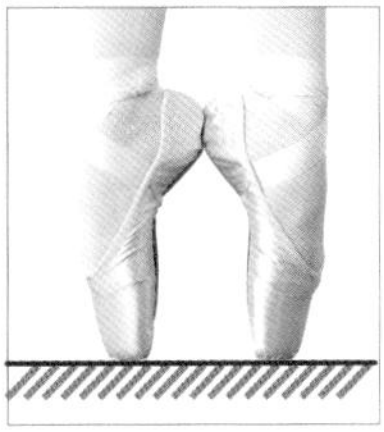

横から見ると…

ポアントで立った瞬間、膝がゆるみがちに。まっすぐ立つためには、おしりをしめてより体を引き上げ、脚全体を「1本の棒」とイメージしてのばし、一瞬でポアントに乗りきるのがコツ。ドゥミ・ポアントのときよりも数センチ高くなるため、より上体の引き上げを意識して！

シェネ 5つのポイント

POINT 1

正しい姿勢でプレパレーションする

POINT 2

同じリズムで足を動かす

POINT 3

指先はおへその前に置く

POINT 4

両わきを立て、骨盤で回る

POINT 5

顔をしっかり残して
すばやくふり返る

グラン・フェッテ

フランス語でグランは「大きい」、フェッテは「むち打つ」の意味。

動脚を前から横へロン・ド・ジャンブしてからルティレにして回転するパで、フェッテ・アン・トゥールナン（回りながらむち打つの意味）ともいいます。

『白鳥の湖』オディールによる32回転などが有名ですが、たくさん回ろうとするとつい全身に力を入れてしまいがち。

するとつかれて連続で回れなくなってしまいますし、何よりも美しくありません。

大切なのはむだな力をぬき、ほんとうに必要な部分だけに力を入れて回ること。

そのポイントをご紹介します。

グラン・フェッテの回り方をCHECK!

POINT 2 軸脚のプリエで回転のエネルギーをつくる

右腕を前、
左腕を横に

土踏まずを
正面に向けて
プリエ

1

左足前の第４ポジションのプリエでプレパレーションし、右脚を前のルティレに（パッセ）して右にピルエットを回って……

腕は
アン・
ナヴァンに

2

8の方向まで回っていき……

右腕は
アン・ナヴァンのまま、
左腕をア・ラ・
スゴンドに

右脚は遠くに
のばすだけ。
力を入れない

3

プリエで下りながら、
右脚を前にのばして……

POINT 1 上体のスクエアをキープする

POINT 5 首を正面に残したら力をぬく

POINT 4 腕と脚を同時に集めきる

5

ドゥミ・ポアントで立つと同時に右脚を前のルティレに(パッセ)して、右に回っていく。**8**の方向まで回って2～5をくり返す。

POINT 3 力を入れずにロン・ド・ジャンプする

4

右脚をロン・ドして、
ア・ラ・スゴンドにし……

POINT 1

上体のスクエアをキープする

回転するときは、バランスをたもとうとして、肩などに力を入れてがちがちになってしまいがちです。最小限の力で上体をキープするために、**まずは左右の肩と腰骨を床と平行にならべてスクエアをつくりましょう。そして腰とおなかの両方向から上体をおします**。すると、肩などよけいなところに力を入れることなく、上体のスクエアをキープして回ることができます。

右の腰が上がって腰と肩がずれ、スクエアがゆがんでいる

腰とおなかの両方向から上体をおせていないため、骨盤がたおれて、背中が反ってしまっている

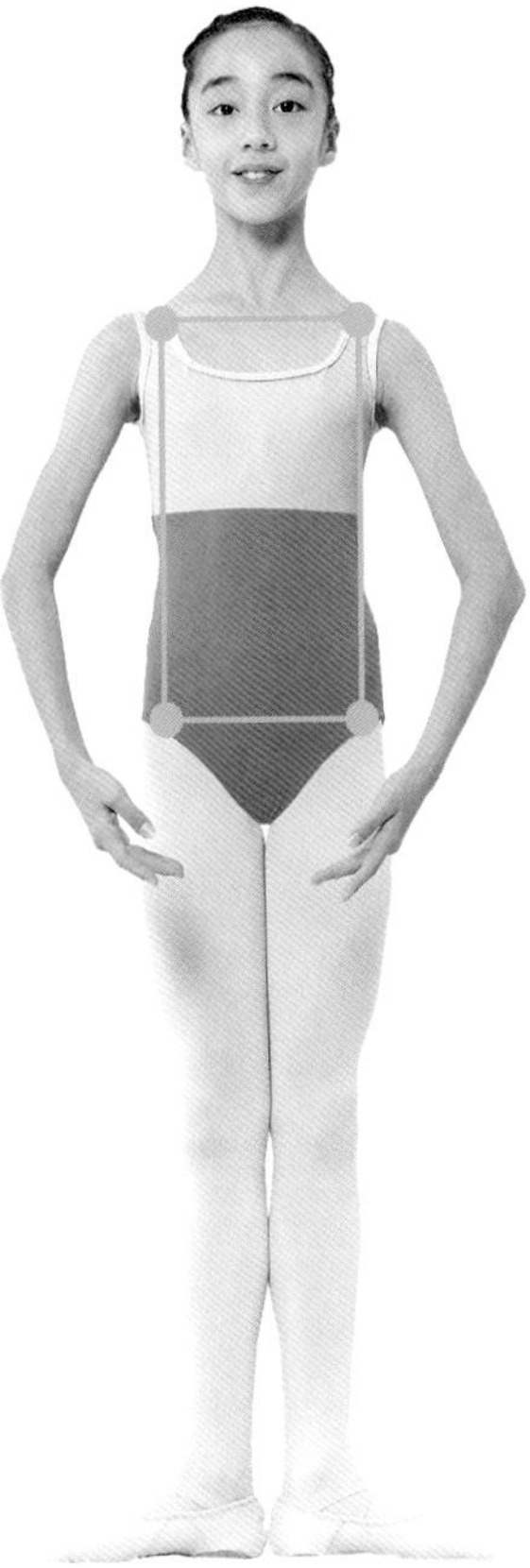

1

鏡の前に立って、右肩と左肩、右の腰と左の腰をならべてスクエアをつくる。

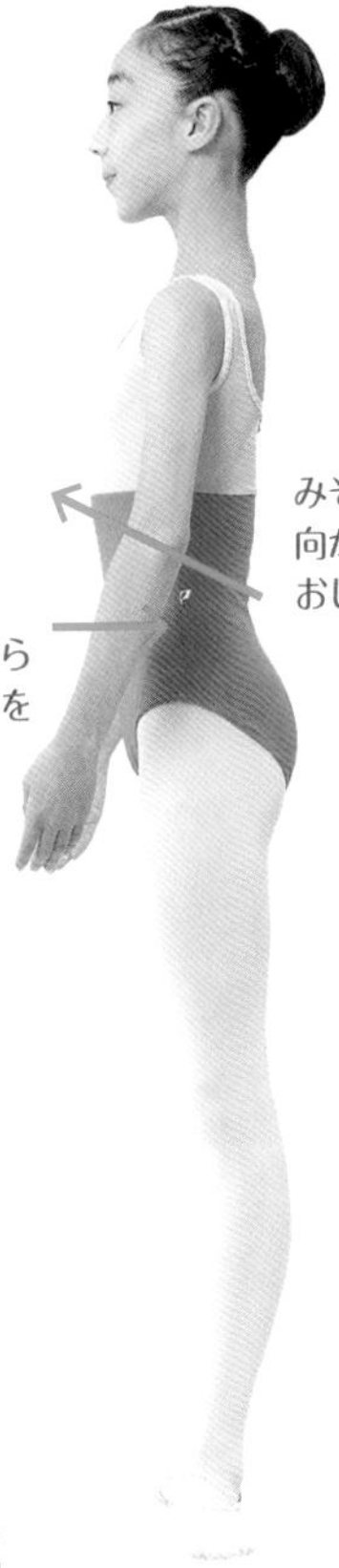

2

腰からみぞおちに向かってななめ上におし上げる。さらに下腹に力を入れると骨盤がまっすぐに起きて、しぜんに上体のスクエアをキープできる。

POINT 2

軸脚のプリエで回転のエネルギーをつくる

グラン・フェッテというと、ついロン・ド・ジャンブする脚に意識がいってしまいがち。**でも、回転のエネルギーをつくるのは軸脚です。**

プリエでしっかり床をおし、そこからドゥミ・ポアントで立ち上がることでエネルギーが生まれます。グラン・フェッテのなかにある「2種類のプリエ」で、しっかりエネルギーをつくりましょう。**1回目のプリエでは、土踏まずを正面に向けて床をおすこと、2回目のプリエでは、プリエの力を使って床をおし回してかかとを上げることがポイントです。**

2回目のプリエで足うらをおし回さず、その場で跳び上がって（ジャンプアップして）しまうとエネルギーが使えず、回転不足に

1回目のプリエ

まずは、ピルエットをする前のプレパレーションのプリエ(P.90 1)で、エネルギーをつくりましょう。

土踏まずを正面にして、床をおす！

いきおいをつけてピルエットしようとするあまり、プリエのときにすでに脚が回り始めてしまい、**2**の方向を向いてしまっている人を多く見かけます。すると床をしっかりおせず、エネルギーをつくれません。また、**2**の方向から回り始めてしまうと、**8**の方向で下りられなくなってしまうことも。かならず土踏まずをきっちり正面に向けてプリエし、エネルギーをつくりましょう。

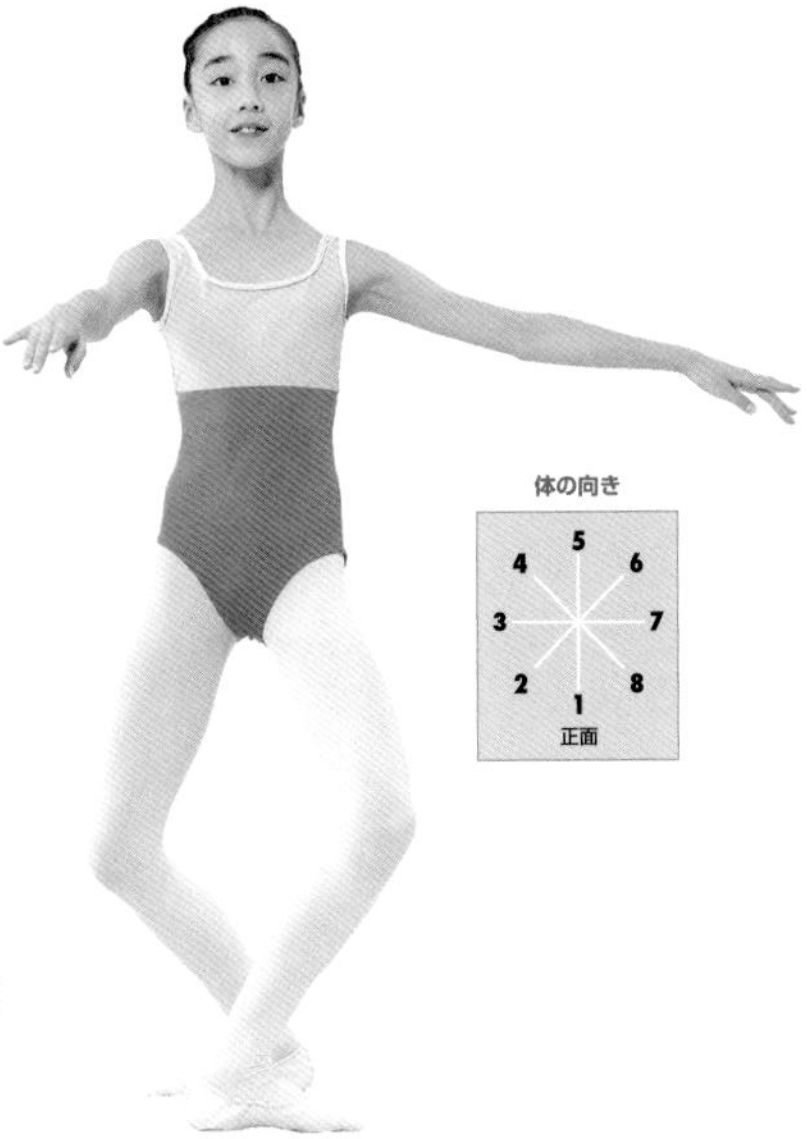

土踏まずを正面に。膝がつま先をこえるくらい深くプリエしましょう！　プリエが浅いと、エネルギーをうまくつくれません

NG

プリエのときにすでに土踏まずが**2**の方向に向いて、しっかり床をおせていない。かかとをずらさないように気をつけて

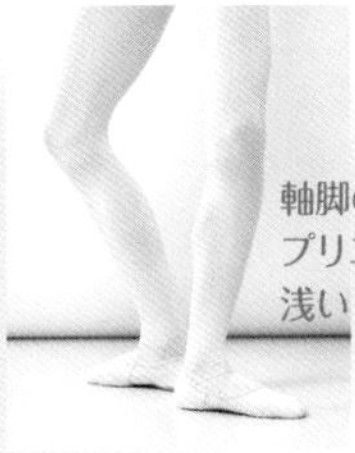

軸脚のプリエが浅い

2回目のプリエ

ピルエットのあとのプリエ(P.90 3〜4)**でも、エネルギーをつくりましょう！**

プリエの力を使って床をおし回してかかとを上げる

8の方向にプリエで下りたあと、そのままジャンプするようにポン！ とドゥミ・ポアントに立ってしまうと、回転のエネルギーが生まれません。プリエした足うらで床をしっかりおしつづけながら、**3**の方向まで体を回転させ、ドゥミ・ポアントで立ちましょう。おし回すことで回転のエネルギーが生まれます。

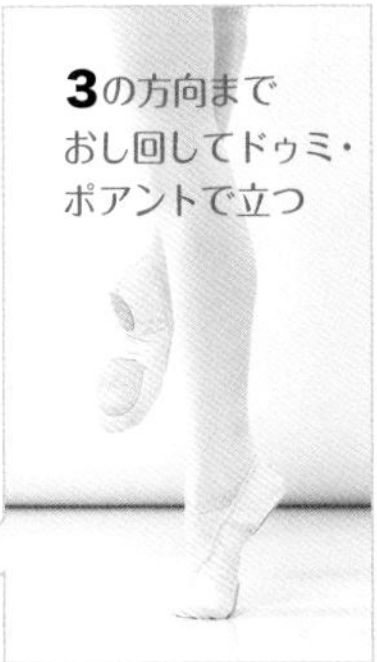

POINT 3

力を入れずにロン・ド・ジャンプする

ロン・ド・ジャンプして足をルティレにするとき、いきおいよく空中をかいて回っていませんか？　そうすると動脚にむだな力が入ってしまい、脚にふり回されてきれいに回れません。

ポイントは動脚には力を入れず、脚を遠くにのばすだけでロン・ドすることと、そこからすばやくルティレにすることです。 98ページからのレッスンで、バーで体をサポートしながらロン・ドからルティレにする感覚をつかみましょう。

脚を回そうと意気ごむあまり、右脚に力が入り、おしりが上がったり、膝がインに入ったりしてしまう

脚で空中をかくと腕と上体に力が入って肩が上がり、バランスをくずしてしまう

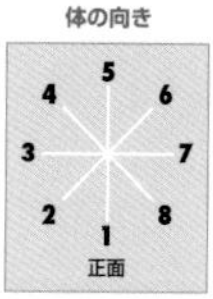

1

ピルエットを**8**の方向まで
回ったらプリエで下りて、
脚を前にのばして……

右脚は遠くに
のばすだけ。
力を入れない

右脚は
力を入れず、遠くに
のばしたまま

下腹に力を入れ、
腰をななめ上に
おし上げて
上体のスクエアを
キープ！

動脚を遠くにのばす

プリエでしっかり床をおすと
軸がキープできて、
右脚に力を入れずに
動かせる

2

右脚を横までロン・ドして……

すばやく
ルティレ！

脚で空中をかかない。
内ももを意識して
最短距離で、
つま先を膝につける！

3

右脚をルティレにして
右に回っていく。

力をぬいて動かす！
ロン・ド・ジャンブ・アン・レール

ロン・ドからルティレまでの動きをバーでやってみましょう。
バーで体をサポートできるので、力をぬいて
ロン・ドからルティレにする感覚をつかめます。

1

両手バー、右足前の第5ポジションで立ち、右脚をルティレに。

2

左脚をプリエしながら右脚を前にのばす。

3

右脚をロン・ドしてア・ラ・スゴンドに。

4

床をおし回してドゥミ・ポアントで立ち、体を**3**の方向へ。同時に右脚をルティレに。

POINT 4

腕と脚を同時に集めきる

ルティレにするとき、腕と脚を集めるタイミングがバラバラだと、回転のスピードが落ちてしまいます。

回転のエネルギーをアップさせるためには、腕と脚を連動させ、同時に集めきることが大切です。１０２ページのエクササイズをくり返して、腕と脚を同時に集める感覚をしみこませましょう。

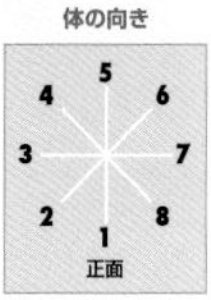

1

ピルエットを回る。

腰をななめに
おし上げて下腹を
意識し、上体の
スクエアをキープ

2

8の方向まで回ったら、右脚を前にのばしてプリエして……

ルティレにするとき、
脚と腕を同時に集めきって
回転のエネルギーを
アップ！

ロン・ドの脚に力を入れない。
のばしてルティレにするだけ

首をギリギリまで
残したら力をぬく

3

右脚をロン・ドしてア・ラ・スゴンドにして……

4

右脚をルティレにして回る。
2にもどって連続で回る。

ボールで脚と腕を連動させる

ボールを使って腕と脚を連動させる練習をしましょう。
ボールを胸の前に集める！ という意識をもつと、
腕と脚を動かす合図になって、同時に動かしやすくなります。

＊ボールは100円ショップなどで
売っている柔らかいボールを使いましょう

1 右手にボールをもち、腕を左右に広げる。脚を大きく開いた第2ポジションでプリエ。

正面から見ると…

両手でしっかり
ボールをおさえて、
胸の真ん中に

胸の前に
集める！

ドゥミ・ポアント、
ルティレ、ボールを
集めるのを同時に！

2 左脚のドゥミ・ポアントで立ち、右脚をルティレにし、体を横に向ける。ルティレにすると同時に両手でボールを集める。

グラン・フェッテいろいろ

ひとくちに「グラン・フェッテ」といっても、国やメソッドによって、いろいろな回り方があります。いま習っている回り方がある人は、そのままの回り方で練習しましょう。また、どのやり方であっても、むだな力を入れずに回るというのが、重要なポイントになります。

たとえ海外の先生の講習会を受けたり、将来留学したり、海外のバレエ団に入団したりしたときにメソッドがちがっていたとしても、まずはあせらず、指導された回り方でできるようにしましょう！

今回の回り方以外にも、
こんな回り方があります！

フランス

脚をア・ラ・スゴンドにすると
同時にドゥミ・ポアントで立ち、
そのあと右脚をルティレにして
回ります。

ロシア

右脚をロン・ド・ジャンブせずに、
直接ア・ラ・スゴンドに。
ア・ラ・スゴンドとルティレを
くり返して回ります。

POINT 5

首を正面に残したら力をぬく

すばやく顔をつけようとして、つい首や肩にむだな力が入ってしまっていませんか？　**体が回転を始めても、顔は正面に向けておきましょう。キープできるギリギリまで向けておいたら、あとはゆるめるだけ。そのまま回転のエネルギーでしぜんに顔をつけられます。**ただ、首の可動域《かどういき》がせまいと、体が回っていくときにギリギリまで顔を正面にキープできません。１０６ページからのストレッチで、首と肩の筋肉を気持ちよくのばし、首の可動域を広げましょう。

一点を見つめて

1

両脚をア・ラ・スゴンドにし、顔を正面に
向けたまま回っていき……

**顔は
ギリギリまで
正面に**

同じところを
見つづけて…

2

ドゥミ・ポアントで立つと
同時に右足を前のルティレ
にして右に回って……

正面に向いたら、
また同じところを見る

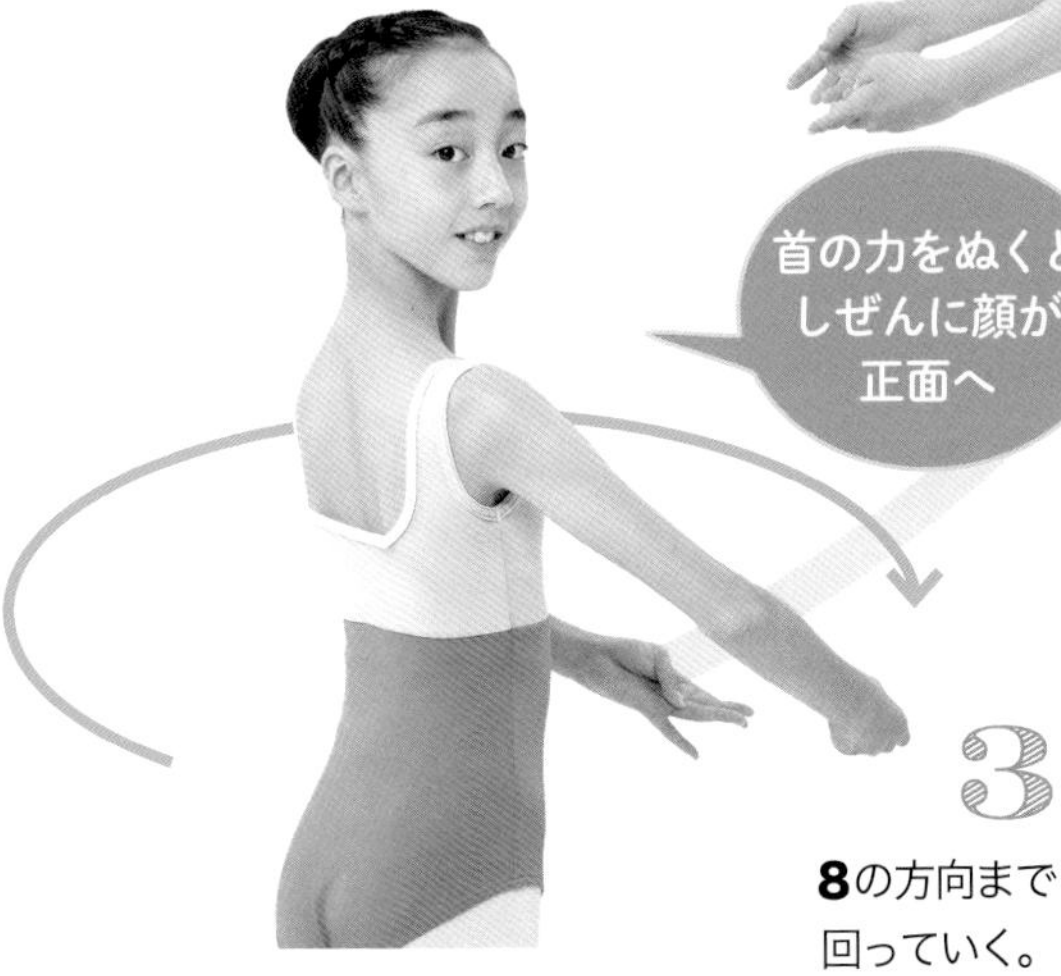

**首の力をぬくと
しぜんに顔が
正面へ**

3

8の方向まで
回っていく。

可動域を広げる！
首のストレッチ

首の可動域がせまいと、体が回っていくときに首を
ギリギリまで正面にキープできません。
また、みなさんが思っているより、首の可動域はせまいもの。
日ごろからストレッチをして、可動域を広げましょう。

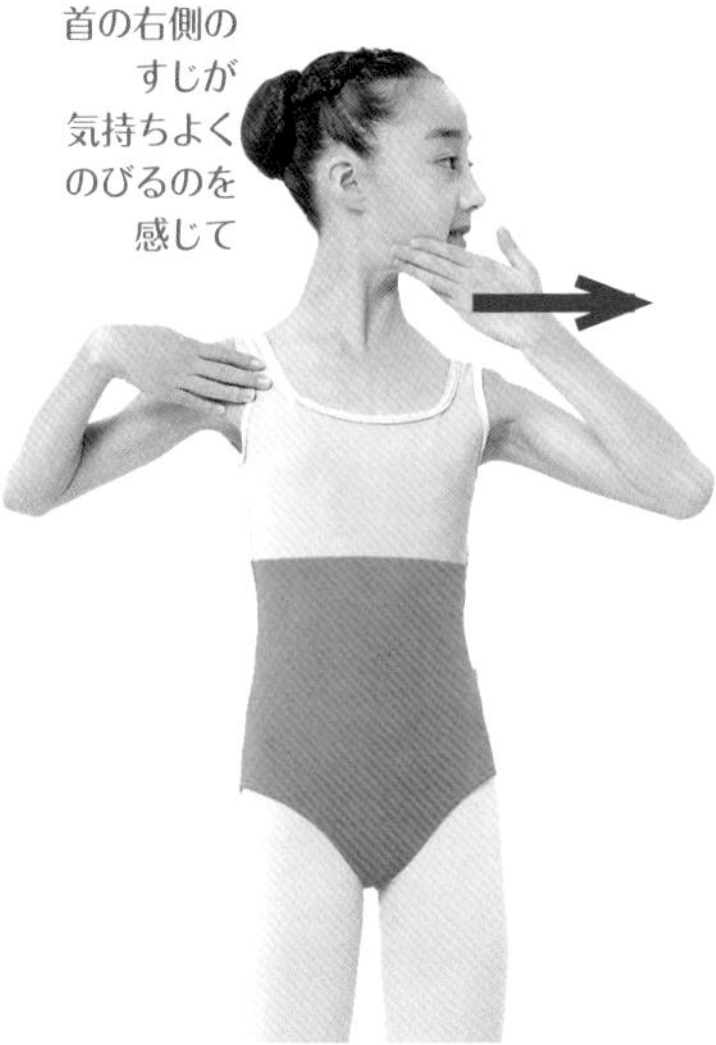

1

右手で肩をおさえながら、顔を
左に向け左手であごをおさえ、
５秒キープ。

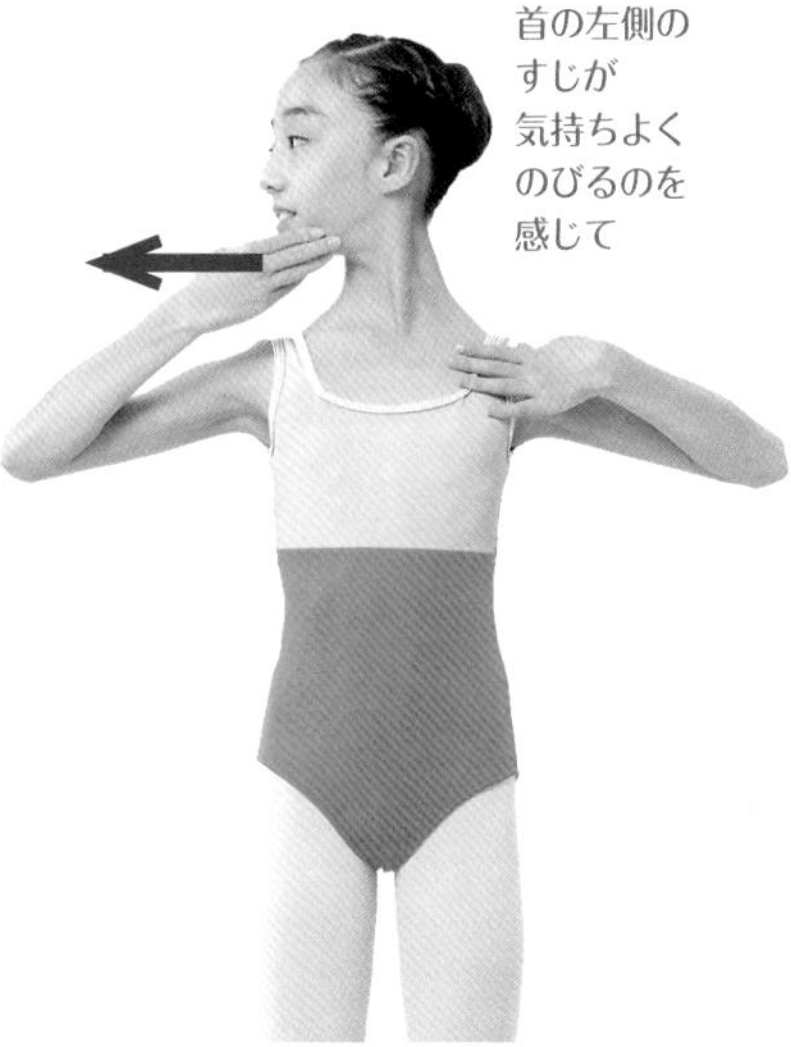

2

反対も行う。

可動域を広げる！
肩のストレッチ

重い学校かばんやバレエバッグをもっていると、
肩はこわばってガチガチに。両手にもったタオルを頭の上を
通って前後に動かし、肩まわりをほぐしましょう。
できる人はタオルをもつ幅をせまくすると、
よりストレッチ効果が高まります。

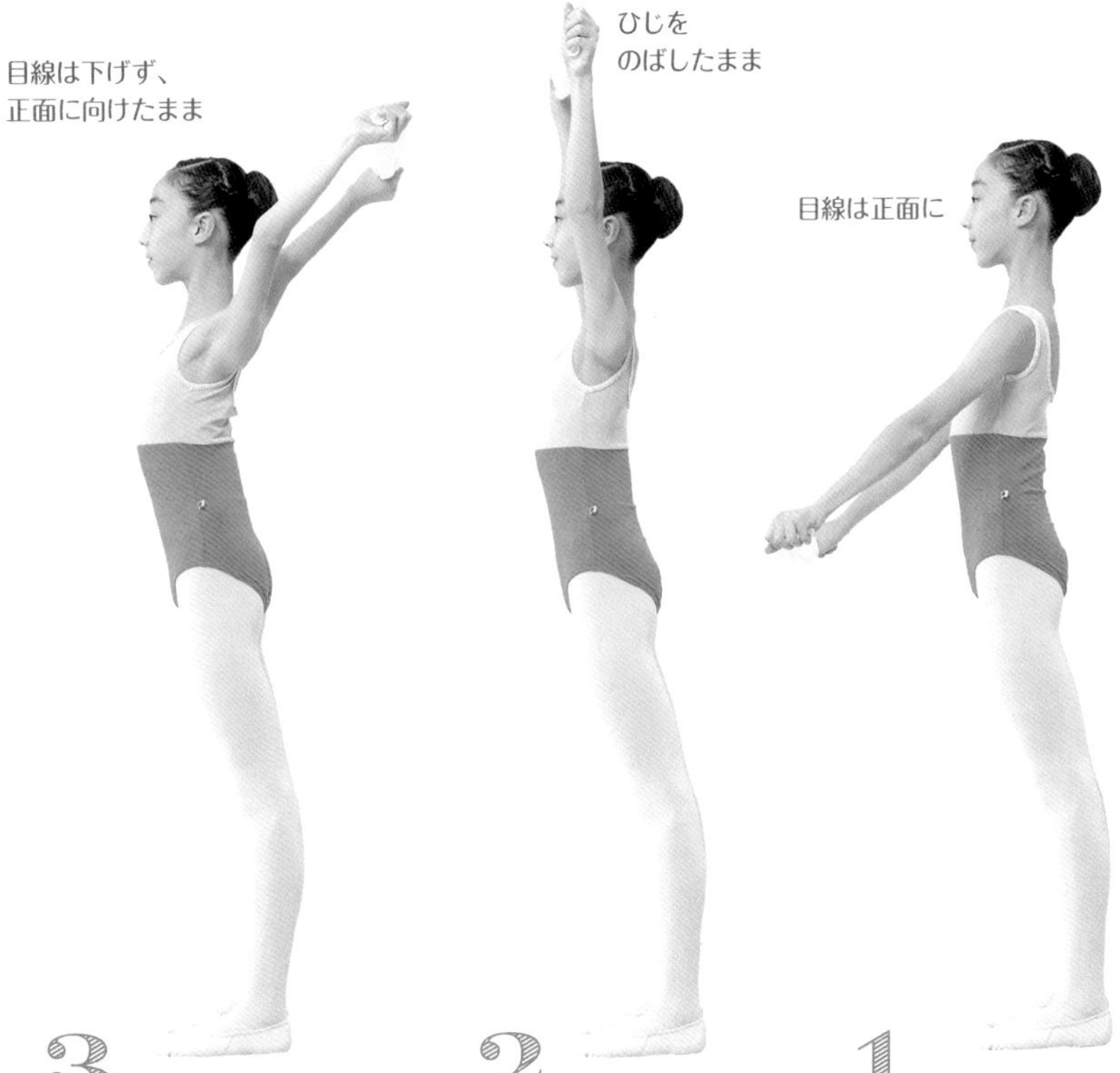

1
体の前で、フェイスタオルのはしとはしをもつ。

2
タオルを頭の上にもち上げて……

3
タオルを頭の後ろまでもっていく。**2**→**1**にもどり、これを10回くり返す。

グラン・フェッテ　5つのポイント

POINT 1
上体のスクエアをキープする

POINT 2
軸脚のプリエで
回転のエネルギーをつくる

POINT 3
力を入れずにロン・ド・ジャンブする

POINT 4
腕と脚を同時に集めきる

POINT 5
首を正面に残したら力をぬく

イタリアン・フェッテ

動脚を振《ふ》り子のように使いながら、
エカルテとアティテュードを交互に見せて回転する華《はな》やかなパ。
このふたつのポーズをどう見せるかが回転の美しさを決めます。
ポーズじたいを美しく見せるポイントはもちろん、
エカルテの脚の下ろし方やプリエなど、
ふたつのポーズを引き立てるためのポイントもご紹介します。

イタリアン・フェッテの回り方をCHECK!

＊ここで紹介している回り方は一例です。
メソッドによって回り方が異なる場合があります

右腕をななめ上、
左腕を横へのばして
アロンジェ

胸を開き、顔を
左胸のほうにつける

両腕はアン・ナヴァンに。
顔は **2** の方向へ

すぐにドゥミ・ポアントで
立てるようにおなかを
引き上げておく

両膝と
左脚つま先を
外へ向けて
おく

1

2 の方向を向いて立ち、左脚を前に出してプレパレーション。

左のかかとを
おし出してプリエ

2

左脚に体重を乗せてプリエしながら **8** の方向を向く。右脚は後ろのク・ド・ピエに。

脚は高く上げなくても OK。
バランスをくずさずにキレイに
上げられることが大切

右腕は脚と
同じ**2**の方向へ、
左腕は体の横へのばして

体が左へ
たおれない
よう注意。
左右のわきを
長くキープする

POINT 1 エカルテのポーズを正しく守る

3

左脚はドゥミ・ポアントで立ちながら、
右脚を **2** の方向へ上げる。（エカルテ・ドゥヴァン）

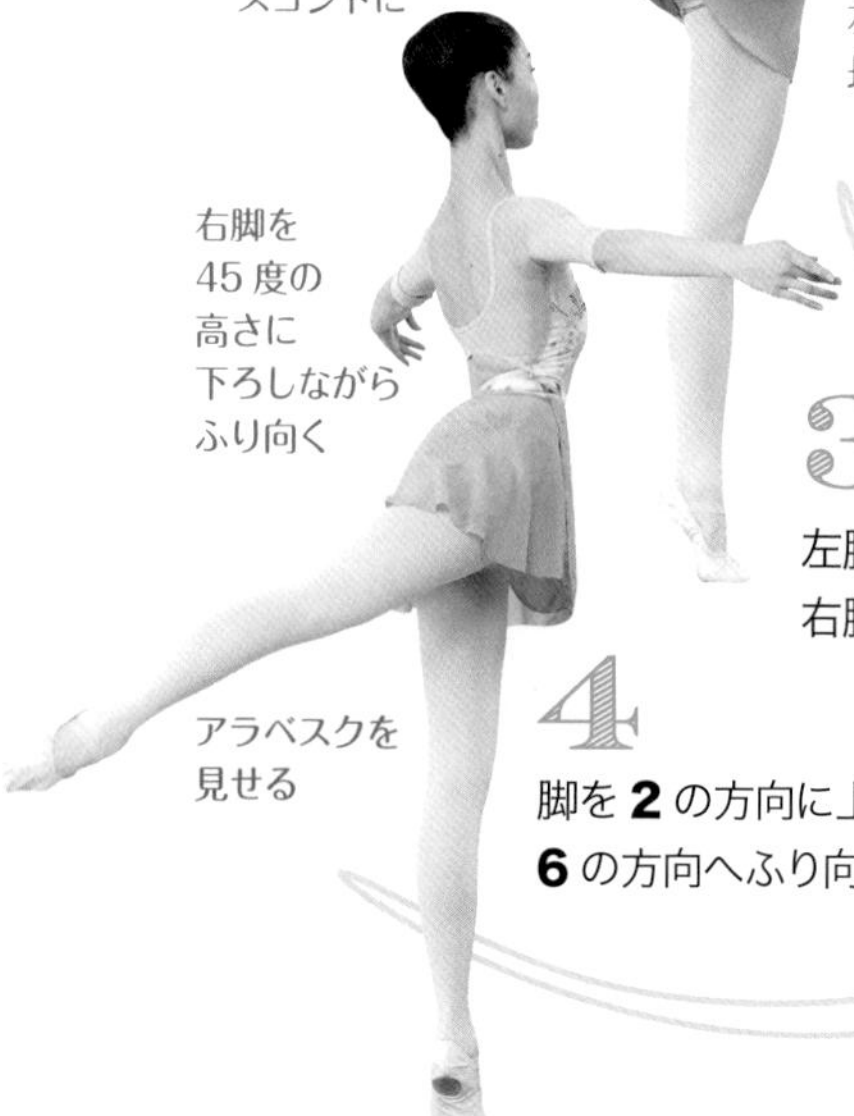

両腕をア・ラ・
スゴンドに

右脚を
45 度の
高さに
下ろしながら
ふり向く

アラベスクを
見せる

4

脚を **2** の方向に上げたまま、
6 の方向へふり向く。

POINT 2 エカルテからていねいに脚を下ろす

すぐにドゥミ・ポアントで立てるよう、
おなかを引き上げたままプリエ

左のかかとを
おし出してプリエ

POINT 3 プリエでかかとをおし出して回転のエネルギーをためる

8

8 の方向を向きながら左脚はプリエ、右脚は後ろのク・ド・ピエに。連続して回転する場合は、**3**～**8**をくり返す。

右腕をアン・オー、
左腕をアン・ナヴァンに

脚は**6**で上げたア・ラ・
スゴンドの位置から
つま先、膝の高さを変えずに、
膝を曲げるだけ。
膝が落ちないよう注意！

POINT 1 アティテュードのポーズを正しく守る

7

2 の方向を向きながら、右脚の高さをキープしたまま膝を曲げてアティテュードに。

右脚の位置をキープしたまま
体を回し、体が **4** の方向を向
く瞬間、右脚はア・ラ・スゴ
ンドになる

左腕は
ア・ラ・スゴンド
のまま、右腕を
アン・ナヴァンに

6

右脚の位置を変えず、左脚はドゥミ・ポアントで立ちながら体を左へ回転させていき……

5で回した足のつま先の方向へ
体重を乗せて立つだけ

プリエする
ときに、おなかが
落ちないよう
気をつけて！

5

左脚でプリエしながら、右脚を **6** の方向へふり上げ……

第１ポジションを通過させて
右脚を前へジュテ

POINT 1

エカルテ＆アティテュードのポーズを正しく守る

イタリアン・フェッテは**エカルテとアティテュードのふたつのポーズを交互に見せていくパ**。このふたつのポーズを正しく、美しく決められるかどうかが、すべてのカギをにぎっています。ですから、回るたびに脚を上げる方向や角度が変わってしまうのはＮＧ。**無理に脚を高く上げる必要はないので、毎回決まった方向に、正しいポジションを守ってポーズするように心がけましょう。**

脚を高く上げることばかり考えていると、左のわきがちぢまって体がかたむき、バランスをくずしてしまう

体の向き

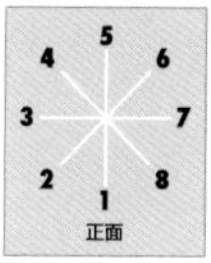

エカルテ

何回転しても、毎回かならず
8 の方向を向き、**2** の方向へ
脚を上げる。

顔と腕は
脚と同じ方向へ

上体が
かたむかないように、
左右のわきを
長くのばしておく

脚を高く
上げることよりも、
バランスをくずさない
ことを意識して

NG

回ることだけを
考えていると、
正面に向かって
脚を上げてしまいがち

アティテュード

毎回 **2** の方向におへそを
むけてポーズする。

ジュテで上げた
高さから膝が
落ちないように
曲げて

軸脚《じくあし》をしっかり
アン・ドゥオール！

NG

回転が足りずに、
3 の方向におへそを向けた
ままアティテュードを
してしまっている

軸脚もアン・ドゥオールが
できていない

エカルテの位置をチェック

エカルテで脚を上げる方向を
バーを使ってたしかめてみましょう。

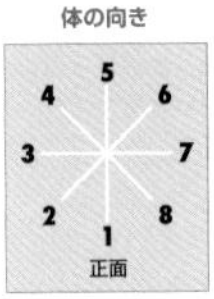

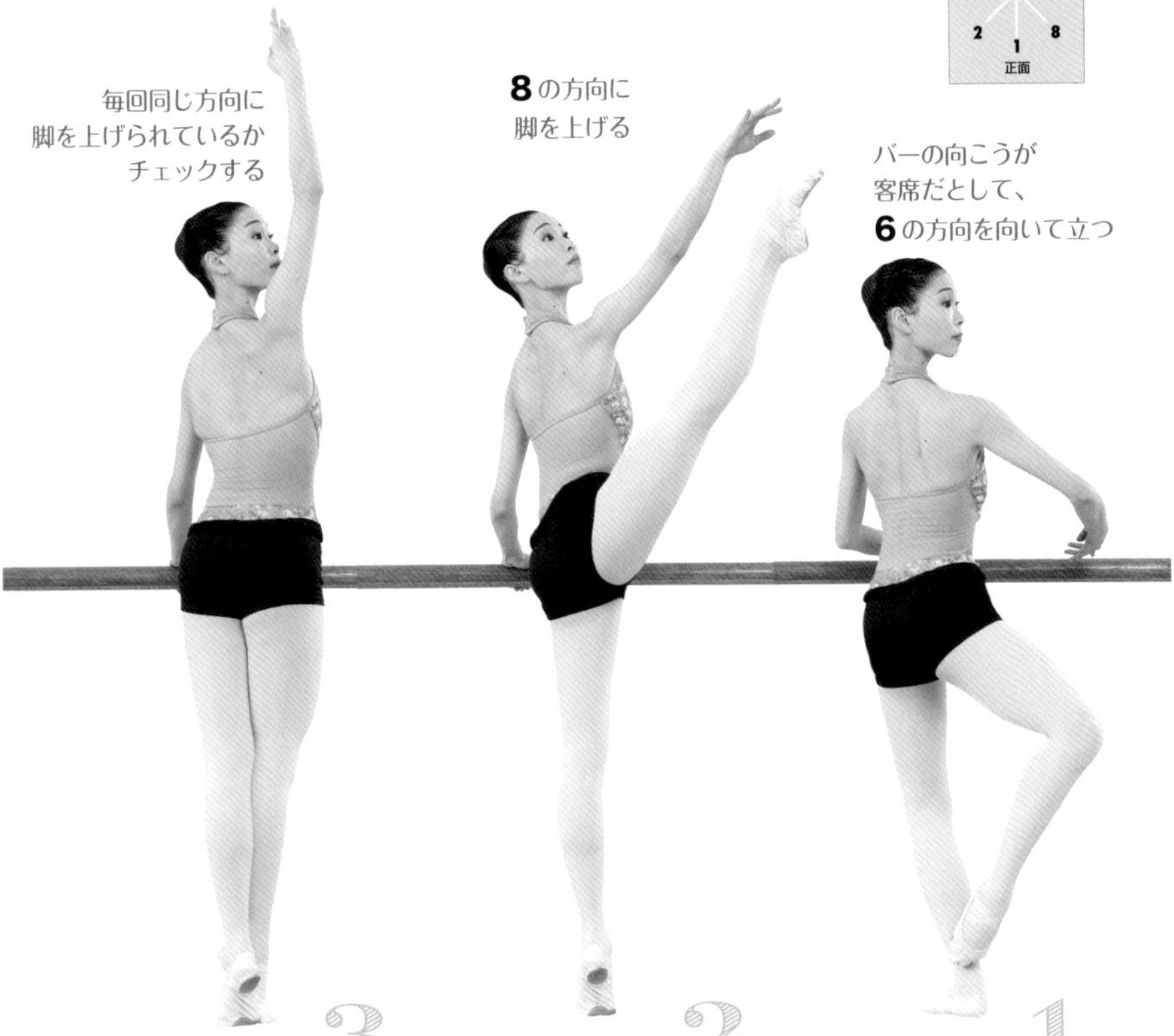

毎回同じ方向に
脚を上げられているか
チェックする

8の方向に
脚を上げる

バーの向こうが
客席だとして、
6の方向を向いて立つ

1

片手バーで立ち、左脚をプリエ、右脚を後ろのク・ド・ピエに。

2

ドゥミ・ポアントで立ちながら、右脚をエカルテに上げる。

3

右足前の第5ポジションに下ろしながら左脚の方向に1回転して（スートゥーニュ・アン・トゥールナン）、1にもどる。1～3を何回もくり返す。

エカルテの脚の上げ方をチェック

正しい脚の上げ方でどのくらいの高さまで上げられるか、
床に寝《ね》た状態《じょうたい》で、たしかめてみましょう。

おしりやおなかが出ないよう引き上げ、
左のつま先から頭の先まで一直線に

膝が
ゆるまないように

左のウエストを
床から指1本ぶんうかせることで、
背骨をまっすぐにキープ！

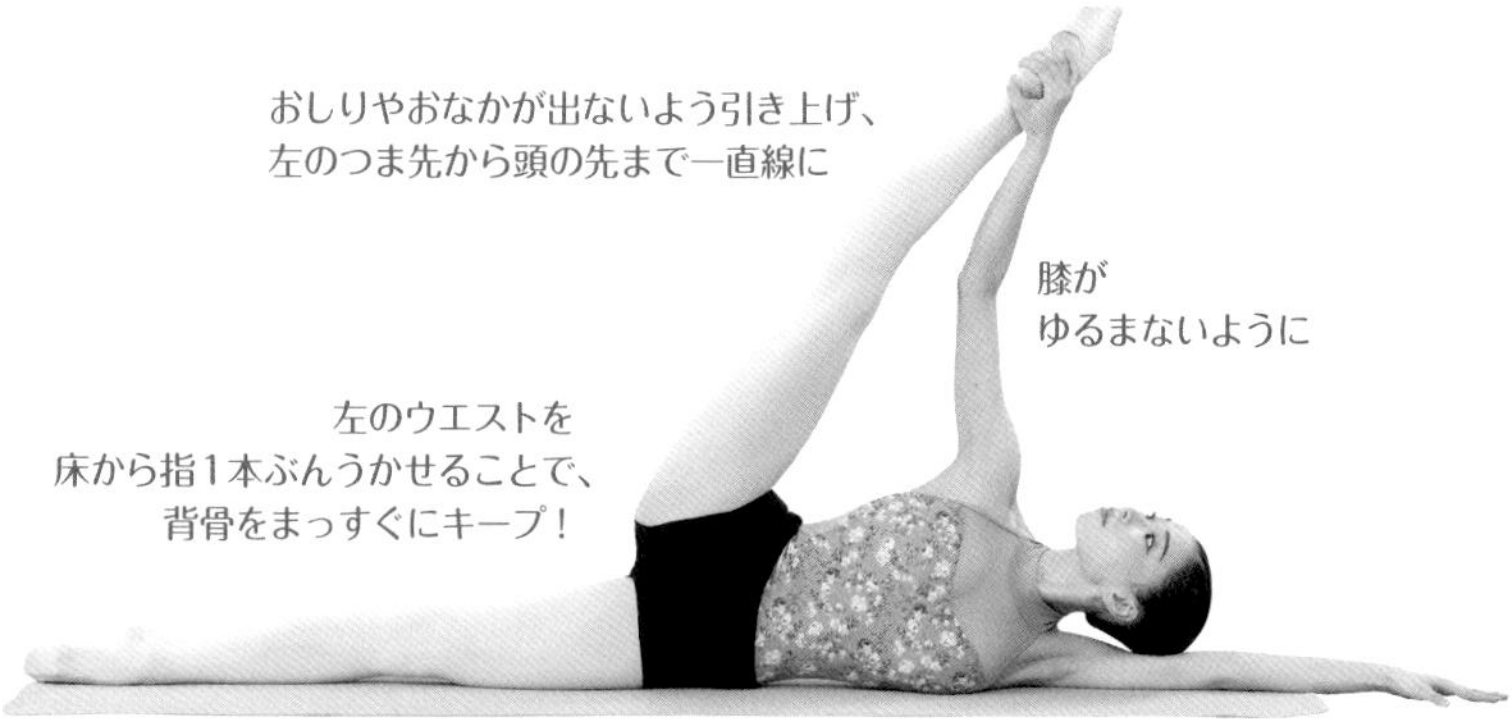

NG

脚を高く上げようとして、
膝がゆるんでしまっている

1 横向きになり、両脚をアン・ドゥオール。
右手で右のかかとをもって脚を上げる。

このときの高さが、姿勢《しせい》
をくずさずに上げられる
高さ。立ったときもこの
高さをキープして

左のウエストが
床につかないように

2 なるべく脚の高さが変わらないように、
そっと右手をはなす。

脚を高く上げようとして、
おしりが落ち背中が丸まっている

NG

左のウエストが床に
べったりついている

アティテュードの位置をチェック

フェッテでどのくらいふり向けば正しい方向に
アティテュードができるか、バーを使ってたしかめてみましょう。

1

右手をバーに乗せ、左脚でプリエしながら右脚を前にジュテ。

2

左脚はドゥミ・ポアントで立ちながら、体を左へ回転させていき……

3

6 の方向を向き、右膝を曲げてアティテュードに。1～3 をくり返し何度も練習する。

POINT 2

エカルテから ていねいに脚を下ろす

エカルテでどんなに美しく脚を上げても、つぎの瞬間にドスンと脚を落としてしまってはせっかくのポーズもだいなしです。**上げた脚は床に落とさずキープしたまま体の向きだけを変え、アラベスクにしましょう。また、そこから前に脚をジュテするときに第1ポジションを通りますが、そこで動きを止めないことも大切です。**動きが止まると回転がとぎれてしまい、上半身によけいな力が入ってバランスをくずす原因《げんいん》になってしまいます。

1

エカルテのポーズをしっかり見せてから……

2

脚を床に落としてしまわずに、体だけ向きを変えてアラベスクに。

一瞬だけ第1ポジションを通り……

3

右脚を前へジュテ。

POINT 3

プリエでかかとをおし出して回転のエネルギーをためる

ポーズを美しく見せるには、ポーズのときに回ろうとするのではおそすぎます。**ポーズの前のプリエから回り始めましょう。ポイントは、グッとかかとをおし出すつもりでアン・ドゥオールし、回転するためのエネルギーをためること。かかとをおし出してアン・ドゥオールができていれば、ドゥミ・ポアントで立つだけで体がしぜんに回っていきます。**ただし、かかとを「おし出す」のではなく、かかとに「しずみこむ」となってしまうと、つぎにドゥミ・ポアントで立つことができません。**プリエはつねに上体を引き上げたまま行いましょう。**

プリエは、エカルテに上げる前と、フェッテの前の2回出てきますが、とくにフェッテの前はアン・ドゥオールの意識がうすれがちです。かかとをしっかり意識してプリエしましょう。

フェッテの前のプリエ

回した足の
つま先の方向に向かって
体重を乗せるだけ！
しっかりアン・ドゥオールが
できていれば、ポアントで
立つとしぜんに
体が回る

かかとをおし出し、
回転のエネルギー
をためる

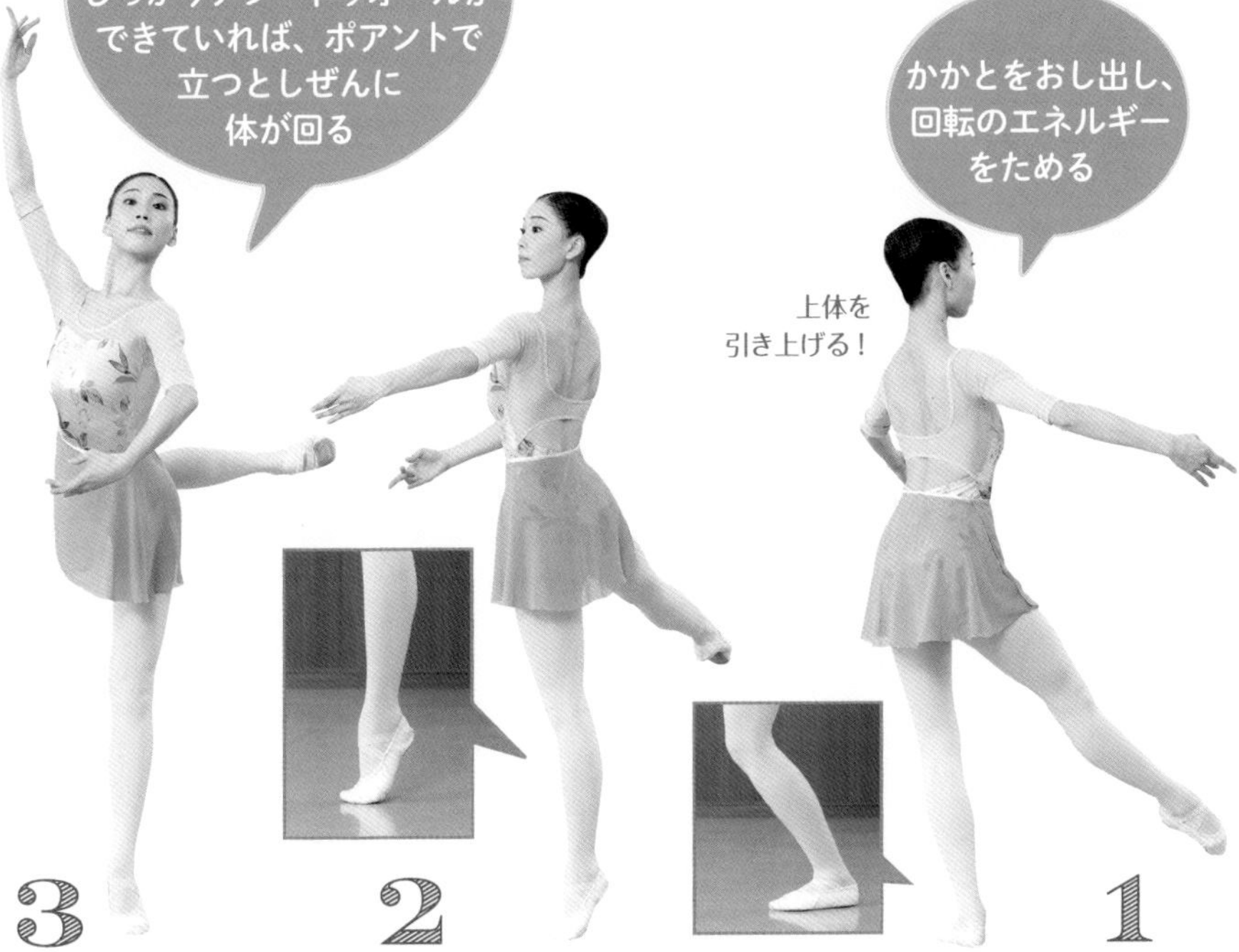

3
ドゥミ・ポアントで立ちきる。

2
回した足のつま先の方向へ体重を乗せて……

1
プリエの瞬間に軸足のかかとを30度ほどおし出すイメージでアン・ドゥオール。

NG

プリエでかかとをおし出せていないため、上半身だけ無理やり回転させていて、軸足がインに。体がかたむき、バランスをキープできない

プリエでかかとを回せていないため、体の向きをしっかり変えることができない

プリエをしたときに、かかとをおし出して回せていない

プリエ&ドゥミポアントで踊る

バーを使ってかかとをおし出して
エネルギーをためて回転する練習をしましょう。

2で向けたつま先の方向へ体重を乗せて
ドゥミ・ポアントに立つと、
しぜんに体がバーのほうに向く

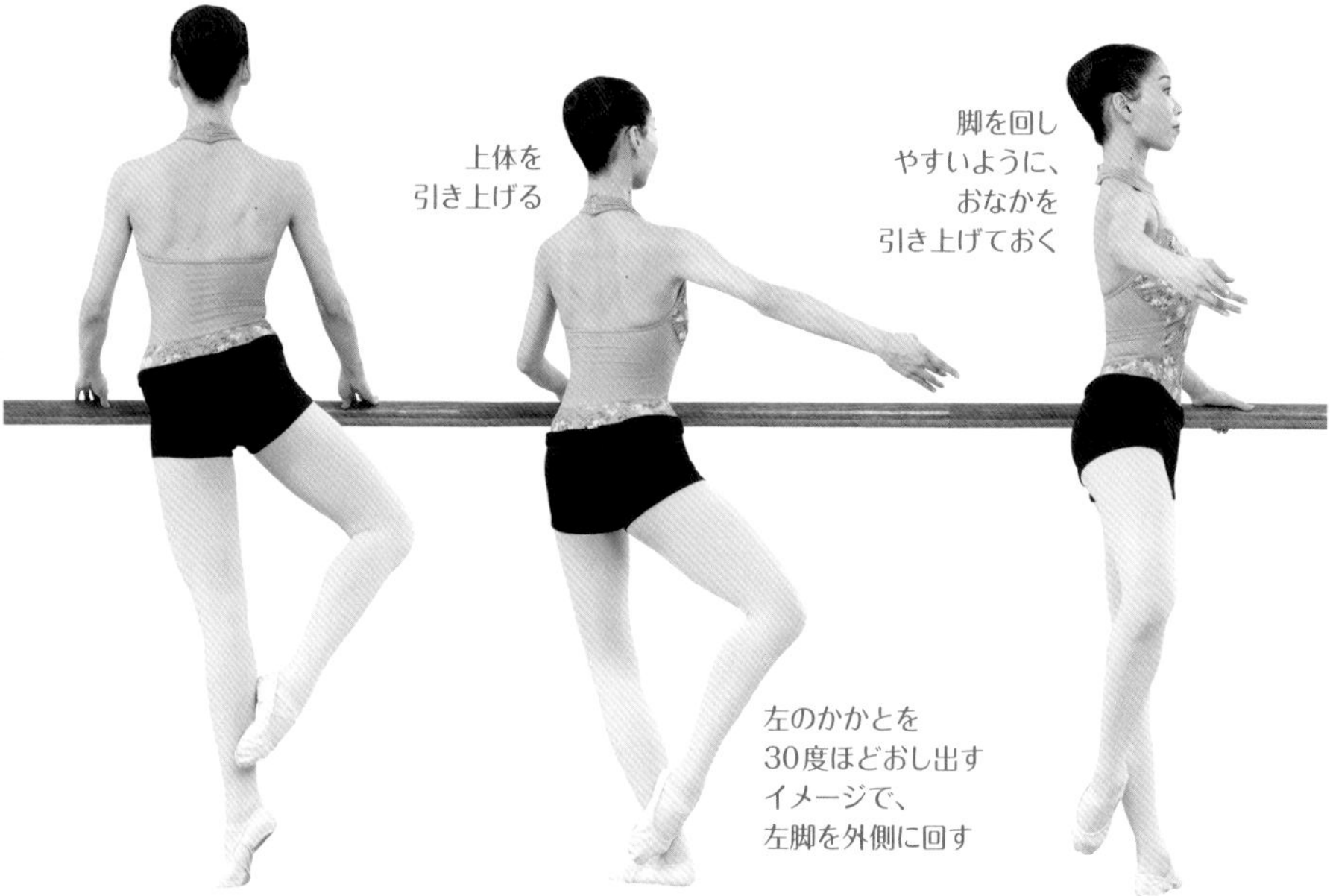

1

片手バーで、右脚を後ろのク・ド・ピエにして立つ。

2

左のかかとをおし出しながら、体をバーのほうへ向けていき……

3

ドゥミ・ポアントで立ちながら、バーのほうに体を向ける。つづけて4回くり返し、左回りに1回転する。

足うらをきたえる

足うらが弱いと、スムーズにドゥミ・ポアントで立てず、プリエでためた回転のエネルギーがだいなしに。足うらをきたえましょう！

1 両脚をのばして座《すわ》る。

足うらに力を入れ、
甲《こう》をまっすぐにのばす

膝がゆるまないよう
気をつける

ゆびのつけ根を
遠くへおし出して

2 甲はのばしたまま足ゆびを曲げる。

かかとを遠くへおし出して

3 足首をフレックスに。**2**を通って**1**にもどる。
1～**3**を何度もくり返す。

アン・ドゥオールしやすい状態に整える

プリエで回転のエネルギーをためるには、つけ根からきちんと
アン・ドゥオールすることも大切。エクササイズで
脚のつけ根をアン・ドゥオールしやすい状態に整えましょう。

かかとで天井をおして

膝がゆるまないよう
気をつけて

2 足首を曲げて
フレックスに。

つま先をのばして

1 あおむけになり、両脚をそろえて
90 度に上げる。

3 両脚をアン・ドゥオールして
第1ポジションに。

4 つま先をのばす。

5

パラレルにもどす。
1〜5を何回もくり返す。

Challenge!

連続回転にチャレンジ！

レッスンで紹介した3つの瞬間を意識して回ってみましょう！

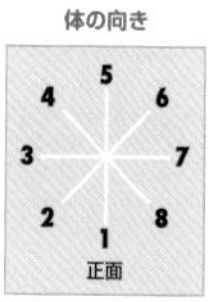

胸を開いて左胸のほうへ顔をつける

右腕をななめ上、左腕を横へのばしてアロンジェ

1

2 の方向を向いてクロワゼで立ち、左脚を前に出してプレパレーション。

上体を引き上げ、かかとをおし出す

2

左脚に体重を乗せてプリエしながら **8** の方向を向く。右脚は後ろのク・ド・ピエに。

左のかかとをおし出してプリエ

第1ポジションは通過させるだけ。右脚を前へジュテ

5のプリエでおし回した足のつま先の方向へ体重を乗せて立つだけ！

5

左脚でプリエしながら、右脚を **6** の方向へふり上げ……

6

脚の位置を変えず、左脚はドゥミ・ポアントで立ちながら、体を左へ回転させていき……

右脚は高く
上げなくても
OK！

2の方向に脚が
上がっているのを
たしかめて！

3

左脚はドゥミ・ポアントで立ちながら、右脚を**2**の方向へ上げる。

両腕を
ア・ラ・スゴンドに

アラベスクを見せて！
脚の高さは
45度でOK

4

6の方向へふり向く。

右腕をアン・オー、
左腕をアン・ナヴァンに

体が**2**の方向を
向いているか
たしかめて！

つま先、
ひざの高さを
変えずに
アティテュード

7

2の方向を向きながら、右膝を曲げてアティテュードに。

左のかかとを
おし出して
プリエ！

8

8の方向を向きながら左脚でプリエ、右脚を後ろのク・ド・ピエに。連続して回転する場合は、3～8をくり返す。

イタリアン・フェッテ 3つのポイント

POINT 1

エカルテ&アティテュードのポーズを正しく守る

POINT 2

エカルテからていねいに脚を下ろす

POINT 3

プリエでかかとをおし出して回転のエネルギーをためる

指導

折井元子（おりい・もとこ）

ピルエット（P6～31）

大学卒業後渡独し、国立ゼンパー・オペラ・ドレスデン等で活躍。2004年より指導に携わり、ドイツ国内のバレエ団やバレエ・スクールで指導を行う。帰国後、日本国内のバレエスタジオ、スクールでレギュラー講師として指導に携わるほか、ドイツのバレエ団でもゲスト講師を務める。神奈川の大和シティ・バレエのチーフバレエミストレス。

樋口ゆり（ひぐち・ゆり）

ピケ・トゥール（P34～59）

ローザンヌ国際コンクールでプロフェッショナル賞を受賞し、英国ロイヤル・バレエ・スクール留学。ペルミ・オペラ・バレエ劇場ソリスト、サンクトペテルブルク・リムスキー・コルサコフ劇場プリンシパルを経てKバレエカンパニー（現Kバレエトウキョウ）でファースト・ソリストとして活躍。2010年より神奈川でバレエスタジオオリリアを主宰。

高橋有里（たかはし・あり）

シェネ（P62～87）

文化庁在外研修員としてイギリスに渡り、スコティッシュ・バレエのソリストとして「ラ・フィーユ・マル・ガルデ」「シンデレラ」などに主演。帰国後は新国立劇場バレエ団のファースト・ソリストとして「白鳥の湖」「くるみ割り人形」「シンデレラ」などに主演。2013年より東京でAristo BALLET STUDIOを主宰。

中平絢子（なかひら・あやこ）

グラン・フェッテ（P90～107）

英国ロイヤル・バレエ・スクール、イングリッシュ・ナショナル・バレエ留学後、ドレスデン・バレエ、Kバレエカンパニー（現Kバレエトウキョウ）ほかで活躍。2012年より神奈川と大阪でBALLET・LE・COEURを主宰。おもな電子書籍に「キレイのひみつは正しいポジション！ シュシュ&ズーといっしょにバレエ・レッスン」（新書館）。

小柴葉朕（こしば・はざき）

イタリアン・フェッテ（P110～125）

1984年より茨城で小柴葉朕バレエスクールを主宰。埼玉全国舞踊コンクール橘秋子指導者賞、全国舞踊コンクール最優秀指導者賞受賞。日本ジュニアバレエ公演において振付を担当。月刊「クララ」にて連載「まちがいがわかる！ 踊りが変わる！ レベルアップ★バレエレッスン」を指導するほか、おもな書籍に「スペースもバーもいらない！ 家バレエ」（新書館）がある。

あこがれのパを極める！

バレエの回転 マスターBook

Clara 編

初出 「クララ」2014年2月号、2015年9月号、
2015年11月号、2021年1月号、2024年1月号

2024年6月15日 初版第1刷発行

発行者 三浦和郎

発行 株式会社 新書館

編集／〒113-0024 東京都文京区西片2-19-18
TEL 03-3811-2871 FAX 03-3811-2501

営業／〒174-0043 東京都板橋区坂下1-22-14
TEL 03-5970-3840 FAX 03-5970-3847

指導：折井元子 P6～31、樋口ゆり P34～59、高橋有里 P62～87、
中平絢子 P90～107、小柴葉朕 P110～125

写真：松谷靖之 P6～29、深谷義宣（auraY2）P30～31、
政川慎治 P34～59、松橋晶子 P60～88・90～107・110～125

モデル：河村美来 P6～29、金子琴音 P30～31、安齋織音 P34～59、
三浦結愛 P62～87、杉ノ原瑠花 P90～107、海老原詩織 P110～125

表紙・本文レイアウト SDR（新書館デザイン室）

印刷・製本 日経印刷株式会社

Printed in JAPAN ISBN 978-4-403-33083-4